PETITS MYSTÈRES DE L'HISTOIRE DE FRANCE

RETROUVEZ

D'AUTRES ÉTONNANTES
PETITES HISTOIRES DE L'HISTOIRE DE FRANCE
DANS LE TOME 1

Ouvrage dirigé par Franck Spengler

www.hugoetcie.fr

ISBN : 9782755609448
Dépôt légal : mars 2012
Imprimé en France

Jean-Paul Rouland

Petits mystères de l'histoire de France

Préface d'Alain Decaux

Hugo&Cie

PRÉFACE

Cher Jean-Paul,

Si tu n'existais pas, il faudrait t'inventer !

Alors que tant de nos contemporains s'appliquent à distiller la morosité, tu as choisi – délibérément – de répandre partout cette joie de vivre qui émane de ta personne. Il en était de même il y a plus de quarante ans, quand nous nous sommes connus. Déjà ton patronyme nous apparaissait telle une profession de foi.

À l'exception de ta moustache qui, en devenant blanche, n'en est que plus superbe, rien n'a changé.

Au cours des longues années que tu as données à l'audiovisuel, tu as accompagné l'histoire de très près. Qui s'étonnera que tu en aies choisi et retenu les aspects les plus singuliers et surtout les plus cocasses ? Voici donc que tu en fais profiter aujourd'hui le public. Merci !

Alain Decaux
de l'Académie française

INTRODUCTION

Quitte à me répéter, comme je le disais dans le tome 1, je ne suis pas un historien, tout simplement un curieux. Mais Curieux avec le C majuscule que l'on accorde à la Connaissance.

Pendant des années à la télévision de « papa » avec Pierre Bellemare et mon frère Jacques, nous avons concocté des heures et des heures de jeux. Qui dit jeux dit questions, qui dit questions dit réponses, avec… petite cerise sur le gâteau, une petite anecdote ou un petit commentaire rigolo, voire insolite.

C'est de cette « cerise » que je me suis régalé pendant des années : le fait curieux qui étonne.

– *Non ?*

– *Si.*

– *J'ignorais !*

C'est cette relation d'un détail peu connu qui nous a permis de créer des jeux et des émissions à succès pendant plus de trente ans à la télévision (de « La Tête et les jambes » aux « Paris » de TF1) et pendant vingt ans *tous les jours* sur Europe 1 (« Déjeuner Show », « Le Sisco », etc.).

Évidemment,

Je vous parle d'un temps
Que les moins de trente ans
Ne peuvent pas connaî… treu…

Mon atout, c'est une très bonne mémoire. Or, si je ne revendique pas le titre d'historien comme mon ami Alain Decaux ou feu Castelot ou Mançon, détectives d'archives, qui épluchent pendant des mois les documents pour étayer leur propos, je n'invente rien. Je me contente de dégoter dans un récit le détail peu connu qui change tout parce qu'il n'est jamais mis en valeur dans des événements beaucoup plus essentiels que lui…

Un exemple : On parle des « Adieux de Fontainebleau » où Napoléon embrasse le drapeau en oubliant que, quelques heures avant, il avait failli mourir après avoir absorbé du poison capable de tuer deux individus normaux !

Je suis un anecdotier et j'aime raconter ce petit détail souvent méconnu comme j'aimais raconter des histoires que j'inventais à mes frères, puis à mes enfants, mes petits-enfants et… aujourd'hui à mes arrière-petits-enfants.

– Alors, Bonbonpapa, raconte-moi…

Curieux eux aussi ? Déjà ? L'hérédité ?

Super ! C'est le plus beau défaut que l'homme puisse revendiquer sur cette belle planète qui en a tellement à raconter.

DIANE DE POITIERS, EMPOISONNÉE À L'OR POTABLE

Le roi l'aimait depuis plus de vingt ans, malgré ses vingt ans de plus que lui, mais elle était si belle, si intelligente, si distinguée, si différente des autres qu'en ce 30 juin 1559, il voulait encore l'épater. Lui prouver qu'il était le meilleur, le plus fort du tournoi.

Il venait de faire mordre la poussière à ses deux premiers adversaires et s'apprêtait à en affronter un troisième au grand dam de la reine Catherine de Médicis :

– Ma qué c'est d'oune stoupidité dé cé foutre par terre comme ça !

Catherine de Médicis détestait les tournois. Avait-elle lu la centurie de Nostradamus prédisant au « *vieux lion* » une « *mort cruelle* », « *les yeux crevés* » ? Forcément, superstitieuse comme l'était la Florentine.

Quoi qu'il en soit, lorsque le roi vint « présenter ses armes » devant la tribune officielle, elle ne put s'empêcher de lancer un regard noir à sa belle voisine dont l'écharpe blanche flottait à la poignée de la lance du royal jouteur. Diane sourit de toute la blancheur de ses fausses dents et opina du chef avec grâce.

« *Grande joute en une manche entre sa Majesté et Messire Montgomery, seigneur de Ducey !* »

Trompettes ! Les deux cavaliers qui ont gagné l'extrémité de la piste font demi-tour. Nouvelle sonnerie.

– *Ma qué c'est oune belle connéria !* (Phrase apocryphe, seul l'accent toscan jouxte la vérité.)

Diane feint ne pas entendre les jérémiades de sa voisine, habituée qu'elle est à l'hostilité séante de la Florentine. Elle la sait résignée mais pas soumise. N'a-t-elle pas dit un jour : « Dans l'histoire du royaume de la Françia, on y trouve touzour des putains pour diriger les affaires dou roi. Alors ! » ?

Voilà les fiers destriers qui s'élancent face à face. Patapan ! Patapan ! Le choc a lieu devant la tribune… Sous l'impact, les deux lances de bois se cassent à leur extrémité, mais, si les deux cavaliers chancellent, aucun n'est désarçonné. Hourras du public. Match nul. Normalement, selon les règles du tournoi, les deux adversaires sont quittes. Le match est annulé.

– *Ma qué basta. Finito !*

Mais, à la surprise générale, le roi, arrivé sur l'élan de son cheval en bout de piste, jette sa lance brisée et fait signe impérativement qu'on lui en donne une autre.

À l'autre extrémité de la piste, Montgomery, qui a relevé la visière de son heaume et s'apprête à revenir au petit trot, voit son royal adversaire lui faire signe.

– En garde, on remet ça !

Interloqué, mais n'ayant pas le choix, le capitaine de la garde écossaise a tout juste le temps de baisser sa visière et de s'élancer lui aussi, lance épointée en avant… et patapan, patapan, patapan !

– *Ma qué c'est ça ?*

Et pata… crac ! Au nouveau contact, la lance du roi se brise encore, mais celle de Montgomery, dépourvue de boule protectrice, ripe sur le bouclier, dérape sur la cuirasse, soulève la visière du heaume et pénètre dans l'œil d'Henri II.

Au hurlement du blessé succède le cri de la foule voyant un flot de sang jaillir du casque royal.

– Et voilà !

Le blessé a glissé sur le sol, on se précipite, on retire son heaume avec précaution, la blessure est hideuse, un morceau de lance brisée reste planté dans la cavité orbitale droite.

Dans la tribune d'honneur, Diane va se précipiter, lorsqu'une main ferme la retient et la force à se rasseoir.

– *Permesso !*

Catherine de Médicis, reine de France, vient de récupérer son trône. Interdite d'accès auprès du blessé, Diane se réfugie dans un appartement parisien prêté par des amis.

Au huitième jour après l'accident, un messager se présente :

– Madame, la reine m'envoie vous mander les pierres et bijoux de la couronne qui sont en votre possession.

Avec un calme souverain, Diane s'enquiert :

– Le roi serait-il mort, Monsieur ?

– Non Madame, mais Messire Ambroise Paré pense qu'il ne passera pas la nuit.

– Alors désolée, Monsieur, de ne pas obéir à votre demande, n'ayant pas encore de nouveau Maître qui me commande.

Au dixième jour d'agonie, malgré les dix têtes fraîchement décapitées de condamnés à mort réclamées par Ambroise Paré pour tenter de soigner le royal blessé, le roi rend l'âme.

« Le Roi Henri II est mort, vive le Roi François II ! »

Stoïquement, Diane de Poitiers va restituer les bijoux de la couronne et renoncer à la jouissance du château de Chenonceaux.

Confinée dans son château d'Anet, qu'Henri II a fait construire selon ses élégances, Diane va y mourir sept ans plus tard, à l'âge exceptionnel de soixante-sept ans « en pleine beauté ».

Un chroniqueur d'époque, venu s'incliner sur son lit de mort, dira : « Je vis cette dame, si belle encore, que je ne sache cœur de rocher qui ne s'en fut ému. »

La Révolution venue, des « nécrophages-patriotes », sous prétexte de récupérer du plomb pour fondre des balles républicaines, profanent son tombeau où elle apparaît « *diaphane et belle parmi les belles* ».

Ses « restes », jetés à la fosse commune ainsi que sa chevelure, identifiés et analysés récemment, en 2008, dévoileront son secret…

Diane de Poitiers, la belle « Diane chasseresse » immortalisée par Jean Goujon, buvait abondamment et régulièrement de l'« OR POTABLE ».

En effet, ses os et ses cheveux analysés présentent une concentration en or cinq cents fois supérieure à la moyenne de référence.

Cet « élixir de jouvence », utilisé depuis l'Antiquité, était bien connu à la cour de France au XVIe siècle. On sait aujourd'hui que les effets secondaires de l'« or potable » sont *l'anorexie* (Diane avait conservé un corps svelte malgré son grand âge pour l'époque) et – passons sur les diarrhées et l'insuffisance rénale – pour ne retenir que *l'anémie.* (Diane avait une peau d'une blancheur diaphane). C'est sans doute de l'abus d'or potable qu'elle mourut à... soixante-sept ans.

Brantôme, célèbre mémorialiste de l'époque, qui la visita sur la fin de ses jours, écrivit :

J'ai vu madame la duchesse de Valentinois (titre de Diane) *aussi belle de face (visage), aussi fraîche et aussi aimable comme en l'âge de ses trente ans. Elle avait une très grande blancheur et sans se farder aucunement ; mais on dit bien que tous les matins, elle usait de quelques bouillons composés d'or potable et autres drogues.*

Si l'on ajoute que, pleine d'esprit, cultivée et fort aimable, elle était l'amie d'Ambroise Paré qui la soigna admirablement et lui fit confectionner un dentier, on comprend l'attrait qu'elle opéra pendant vingt ans sur un roi fougueux qui en avait vingt ans de moins et qui mourut ses couleurs à la main.

Diane de Poitiers, femme en or... tout un symbole.

ROLAND GARROS ET LA DANSE DE LA MORT D'ISADORA DUNCAN

– Mais qu'est-ce qu'ils fabriquent ces deux-là ? Ils vont se faire tuer.

– Ma parole, ils sont saouls, la v'là qui danse…

Il faut dire qu'en cette nuit de septembre 1918, en pleine alerte aérienne sur Paris, avec ces fusées éclairantes qui fouillent le ciel en tous sens, ce que voient les deux sentinelles du ministère de la Marine a de quoi surprendre.

Insensible aux explosions des canons et des bombes qui pleuvent sur Paris, un homme, accoté négligemment à la margelle du bassin de la Concorde, suit les évolutions d'une femme, pieds nus, qui danse devant lui. Le pékin a tranquillement allumé une cigarette et la femme échevelée bondit et virevolte de la plus étonnante des façons au pied de l'obélisque qui en a vu d'autres du haut de ses quatre mille ans.

– Qu'est-ce qu'on fait, on prévient le chef?

– Penses-tu, laisse-les faire, si ça les amuse. Ils ne font de mal à personne.

Et c'est de cette façon qu'à quelques semaines de la fin de cette guerre 14-18 aussi stupide que meurtrière (huit millions de morts), un homme et une femme, qui se voient pour la première et dernière fois, vont préluder à l'union de deux êtres dans cette communion précieuse que les poètes appellent l'Amour.

Nuit sublime et sans lendemain, prologue à la tragédie qui fera que l'homme sera descendu quelques jours plus tard en combat aérien et la femme étranglée stupidement plusieurs années après devant son public.

Ils s'étaient rencontrés quelques heures plus tôt chez une amie commune à Passy. Lui, au piano, jouait Chopin, elle avait ôté ses chaussures et s'était mise à danser, spontanément, pour le plaisir.

Alors ils avaient parlé de tout et de rien, et puis il lui avait proposé de la raccompagner chez elle quai d'Orsay. En passant par la Concorde, alors que la guerre terrait tout Paris, elle s'était remise à danser pour lui, lui tout seul.

Elle écrira à propos de cette rencontre : ... *Il me dit que sa vie s'arrêtait là et qu'il ne souhaitait plus que la mort...*, pour conclure : *Peu après, l'Ange des Héros l'a saisi et transporté ailleurs.*

La danseuse s'appelait Isadora Duncan et le pianiste, héros qui l'accompagna ce soir-là, Roland Garros, mort en combat aérien quelques jours après cette sublime rencontre. Il allait fêter ses trente ans.

Roland Garros : un nom connu et prononcé dans le monde entier chaque année, sans savoir qu'il fut porté par un grand aventurier de l'aviation, un « chevalier du ciel » dans le sens noble du terme.

Après une jeunesse bourgeoise, Premier prix de piano, il troque rapidement ses gammes pour le manche à balai des « coucous » du début de l'aviation. Tout de suite passionné et pilote extrêmement doué, il part faire des exhibitions aux États-Unis et en Amérique du Sud. Il bat même le record de l'altitude au Canada, atteignant 3950 mètres grâce à Gabriel Voisin. En 1913, Roland Garros va effectuer la première traversée de la Méditerranée Fréjus-Bizerte en 7 heures 53 minutes, gagnant ainsi la célébrité.

Mondain à ses heures terriennes, il fréquente le Tout-Paris et initie, entre autres, Jean Cocteau aux joies de la voltige aérienne.

1914 : arrive la guerre et, bien sûr, il fait partie des premiers engagés dans cette arme nouvelle qui sert d'abord au repérage. Évidemment, lorsque deux avions ennemis se croisent, il faut bien se battre, d'abord à coups de fusil, puis de mitrailleuse, et c'est lui, Roland Garros, qui trouve et met au point le tir au travers de l'hélice, en synchro avec ses tours pour ne pas l'endommager. Géniale invention qui permet au pilote de viser avec son appareil comme s'il s'agissait d'un simple point de mire dans le prolongement de son moteur.

Malencontreusement, quelques semaines après cette « mise au point », son moteur cale en vol, l'obligeant à atterrir… derrière les lignes ennemies. Il n'a que le temps de mettre le feu à son appareil avant d'être fait prisonnier. Las, le secret mécanique de son invention sera décrypté par les Allemands qui l'adapteront aussitôt sur leurs appareils.

Prisonnier, mais pas résigné, il va tenter trois évasions qui vont le mener au cachot pendant de longues et pénibles périodes. Sa quatrième tentative sera la bonne et le verra arriver, déguisé en officier allemand, en zone neutre, après de longs jours de peur et d'angoisse, le 15 février 1918. Il est accueilli en héros, décoré, Clemenceau veut le garder comme conseiller précieux auprès de l'état-major. Il refuse, désirant repartir au plus vite sur le front pour combattre. En fait, ses trois ans de captivité, ajoutés aux sévices en tant qu'évadé repris, ont miné sa santé. Une myopie aggravée par les privations l'oblige à porter des lunettes, sans que personne ne le sache. Il s'autorise le monocle en public et le personnage de Boëldieu, incarné par Pierre Fresnay dans *La Grande illusion* de Renoir, serait, dit-on, le portrait parfait de Roland Garros.

Ce même Roland Garros qui, la veille de son retour au front, va rencontrer chez son amie Misia Edwards la grande Isadora Duncan avec laquelle il célébrera son chant du cygne…

Le 2 octobre 1918, aux commandes d'un Spad, Roland Garros remporte son ultime combat et le 5, veille de ses trente ans, en combat singulier contre un Fokker, son appareil explose en plein vol et s'écrase dans les Ardennes près de Vouzier, où il sera enterré.

Ainsi se termine la vie héroïque de cet homme qui, comme des millions d'autres, aura son nom inscrit sur une stèle : « Mort pour la France ». En 1925, le Stade Français fait construire un stade pour le rugby et lui donne le nom de Jean Bouin, champion de course à pied, mort lui aussi à l'ennemi en 1914, à l'âge de vingt-six ans. Deux ans plus tard, le même Stade Français fait construire, porte Molitor, non loin du stade Jean Bouin, un stade pour le tennis, en terre battue, auquel le président

Émile Lesieur (mort en 1985 à cent ans), héros lui aussi de l'aviation de la guerre 14-18, donnera le nom de son ami Roland Garros qu'il avait eu comme coéquipier, non pas au tennis mais au rugby !

Voilà comment, par le hasard de la popularité des sports télévisés, le nom de Roland Garros est définitivement associé au tennis, sport qu'il n'a jamais pratiqué, contrairement au foot, au cyclisme et au rugby.

Chaque année, au mois de mai, lorsque le nom de « Roland Garros » est prononcé des millions de fois sur les ondes de la planète, qui sait qu'un soir de 1918, quelques jours avant d'être tué, l'une des plus jolies femmes de l'époque dansait pour lui sous les hiéroglyphes de l'obélisque de l'antique Ramsès II ? Sur le court central de Roland-Garros, il s'agit d'autres paires de « manches ».

PATTON AU BOUT DU FIL

Septembre 1944, le général Patton, grande gueule des armées d'Eisenhower, piétine devant Metz où les troupes d'Hitler se sont solidement retranchées.

Ce vieux baroudeur de soixante ans, qui a déjà participé à la guerre de 1918 et ne se déplace jamais sans ses deux colts à crosse d'ivoire, enserrés dans son ceinturon, est craint de tous ses hommes. Il n'hésite pas à « cogner » ceux qui tentent de s'opposer à ses décisions et sa stratégie sur le terrain est heureusement reconnue par tous.

N'est-ce pas lui qui, avant le débarquement en Normandie, fut nommé à la tête de la 3ᵉ armée, massée au sud-est de l'Angleterre, ce qui conforta Hitler dans l'idée que le VRAI débarquement aurait lieu dans le Pas-de-Calais ?

Donc, en pleine offensive, un téléphone du PC où se trouve Patton sonne. Comme il se trouve à côté, il décroche et tombe sur un officier hors de lui.

– Alors, qu'est-ce que vous foutez, bande de c... Vous attendez qu'on soit encerclés pour faire donner l'artillerie, bande d'abrutis... Bande de bons à rien, qu'est-ce que t'as à dire, connard ?

Piqué au vif, mais voulant garder son calme, Patton réussit à se faire entendre de son interlocuteur :

– Attends, attends, tu sais à qui tu parles, connard toi-même ?

– Non !

– Je suis le général Patton.

– Ah !

Un temps et le correspondant enchaîne sec :

– Et vous, général, vous savez à qui vous parlez ?

– Non !

Alors, l'autre de dire avant de raccrocher net :

– Eh bien, tant mieux pour moi !

Patton, qui vouait une haine viscérale au communisme bolchevique, eut des « contacts suspects » avec les nazis prisonniers qu'il souhaitait remobiliser pour foncer battre les troupes de Staline... Lâché finalement par Eisenhower lui-même, il mourut de façon curieuse en décembre 45, à la suite d'un accident de la route... On a même parlé d'un tireur d'élite qui aurait... Mais ça, c'est du conditionnel invérifiable ? Et c'est la petite histoire des USA...

UN CHAPEAU, UN CÈDRE, UNE LÉGENDE

Le cèdre du Liban, qui domine le labyrinthe du Jardin des Plantes à Paris, du haut de ses trois siècles, fait toujours l'admiration des visiteurs. Il fut rapporté, raconte-t-on, par Jussieu, le célèbre botaniste, de la Terre Sainte dans son chapeau… utilisé par manque de pot.

C'est beau, c'est grand, c'est à l'image de la vie qui va… Cette montagne de verdure, immense aujourd'hui, venue du bout du monde, avec un peu de Terre Sainte dans le chapeau d'un célèbre botaniste qui risquait d'attraper un coup de soleil ou un coup de froid pour faire vivre cette petite plante chez nous.

C'est çà la légende. Mais ne dit-on pas que toute légende a sa vérité de base ? Un descendant de Jussieu nous a éclairés sur la véritable histoire de ce cèdre du Liban qui, s'il est bien originaire du Proche-Orient, n'a pas du tout été rapporté de Terre Sainte par le botaniste du roi, pour la bonne raison qu'il n'y a jamais mis les pieds ni donc retiré son chapeau.

Jussieu était allé en Angleterre, c'est moins loin, d'où il avait rapporté un plan de cèdre dans un pot en terre des plus classiques, c'est plus pratique. Ayant fait déposer ses bagages chez lui à son retour, la plante dans son pot s'y trouvait donc, c'est d'une logique absolue.

Afin de transporter son acquisition dans une des serres du Jardin des Plantes du roi, Jussieu, qui habitait une maison dans le parc même, prend le pot à deux mains un matin et sort de chez lui. Las, le pot, fendu et rendu fragile par le voyage, se casse littéralement en plusieurs morceaux et le petit cèdre se retrouve par terre. Qu'auriez-vous fait à sa place ? Évidemment, si aujourd'hui l'absence de chapeau sur le crâne des hommes les placerait dans l'embarras, ce n'était pas le cas sous Louis XV, où le tricorne était fait d'un bon feutre dur, très facilement capable de remplacer un pot de terre de la meilleure fabrication.

Voilà comment la légende embellit la réalité, souvent plus prosaïque, mais non moins piquante.

Il n'en reste pas moins vrai qu'aujourd'hui encore les visiteurs du Jardin des Plantes, voyant l'envergure de ce cèdre majestueux, ne peuvent que dire… « chapeau ». Vous l'aviez dit pour moi.

LA JOCONDE, DEUX ANS DANS UNE MANSARDE

– Ça s'écrit comment, votre nom ?

Avec un fort accent italien, l'homme épelle :

– P-E-R-U-G-I-A

Sous la dictée, le policier écrit le nom du peintre-vitrier qu'il est venu visiter dans sa mansarde du boulevard de l'Hôpital.

Nous sommes à l'automne 1911 et la France est encore sous le choc du vol de *La Joconde*. Le mardi 22 août, la nouvelle tombait à la une de tous les journaux : « *On a volé La Joconde* ». Aussi incroyable que cela pouvait paraître, quelqu'un avait décroché le plus célèbre tableau du monde et l'avait emporté comme s'il s'agissait d'un simple morceau de bois.

Comment avait-on pu sortir ce panneau de bois de 77 x 52 cm sans éveiller l'attention ?

Comme à l'époque (aujourd'hui encore) il y a des travaux d'entretien au Louvre, la police commence par passer au peigne fin TOUS les ouvriers employés aux divers travaux. C'est ainsi que le susnommé, Perugia Vincenzo de son prénom, reçoit ce jour-là la visite d'un inspecteur.

Après avoir jeté un regard inquisiteur dans tous les coins et recoins de la chambre de bonne du peintre-vitrier italien, le policier l'invite à relire le rapport qu'il vient de rédiger sur l'unique petite table recouverte d'une nappe en tissu imprimé.

– Vous signez là et là !

Perugia s'exécute à la hâte. Sans doute le policier aura-t-il mis cette nervosité sur le compte de l'émotion due à sa présence…

– Allez ! Au revoir, M. Perugia, et pardon pour le dérangement.

Le policier parti, le peintre italien écoute les pas du visiteur décroître puis disparaître en bas de l'escalier.

Alors, retirant la nappe, l'homme retourne la planche qui recouvre la table sur laquelle il a signé son procès-verbal. Il raccroche la planche au piton, cloué au mur, auquel le policier n'a prêté aucune attention. C'est *La Joconde*… Perugia a retrouvé son sourire.

Et l'Italien va conserver deux ans, pour lui tout seul, cette *Joconde* que l'on va "voir" partout à travers le monde. Les récits, les pistes les plus invraisemblables, les lieux les plus insolites, les personnalités les plus étonnantes vont faire l'objet des vérifications les plus extravagantes. Apollinaire, Picasso vont passer des heures au violon. New York, Rio de Janeiro, Londres seront tour à tour sur le qui-vive. Et puis, alors que tout espoir de retrouver le sourire le plus envoûtant de la peinture semble perdu…

On arrête à Florence Vincenzo Perugia qui « venait restituer dans une valise à double fond cette propriété italienne volée par Napoléon ! » (En réalité, c'est François Ier qui l'acheta à Léonard.)

Interrogé, le voleur raconte : le lundi en question, jour de fermeture du Louvre au public, tandis que les frotteurs de parquet et les ouvriers s'apprêtent à prendre leur travail, avant l'arrivée des copistes d'œuvre, ayant pris une bâche protectrice de peinture, il a décroché sans aucune peine le tableau, l'a mis, enveloppé, sous son bras, puis est sorti en toute simplicité.

Cet illuminé racontera dans le détail la perquisition qui eut lieu à son domicile et la peur qui l'avait tétanisé en voyant le policier d'asseoir à sa petite table.

– J'avais peur que ça bouge en dessous…

Le sourire de l'inspecteur venu le perquisitionner n'eut sans doute aucun rapport avec celui de Mona Lisa lorsque son nom fut évoqué. On dit qu'il s'est retrouvé à faire la circulation… aux guichets du Louvre.

L'AMOUR DES DEUX COLOMBES

Deux oiseaux s'aimaient d'amour tendre...

L'histoire pourrait débuter ainsi. Elle se situe dans ces années d'obscurantisme du XIIe siècle où l'élan de foi, né de la crainte du châtiment éternel, obsédait les pensées communes. Le diable était partout et partout pourchassé. On brûlait les sorcières sur les bûchers publics et, lorsqu'on allait finir la construction d'une maison, on murait vivant un chat noir (créature du diable) dans une niche prévue à cet effet, généralement sous une marche d'escalier.

C'est ainsi que dans l'ombre de Notre-Dame de Paris, alors encore en pleine construction, rue de la Colombe, se trouvait un cabaret (alors taverne Saint-Nicolas) où, au cours de travaux récents, on retrouva dans un mur le corps momifié d'un chat, victime innocente de ces pratiques aussi barbares qu'imbéciles.

Cet immeuble, remanié à maintes reprises depuis, était habité alors par un « sculptier » breton, appellation qui les différenciait des vrais sculpteurs. Le sculptier faisait les travaux de dégrossissage, abandonnant aux compagnons sculpteurs la finition des œuvres.

Ce sculptier, dont l'histoire n'a pas retenu le nom, abritait sous son toit, accoté au « Mur de César » (antique adossement à la Seine), un couple de colombes dont les roucoulis amoureux enchantaient le voisinage et dont le propriétaire prenait le plus grand soin.

Or, un jour de crue, la pression sur la rive devint si forte que le Mur de César, bousculé par les flots, s'effondra en partie, entraînant la maison dans sa chute. Des éboulis et de la cage brisée, seul le mâle du couple de colombes réussit à s'échapper.

Alerté sur le chantier de la cathédrale où il œuvrait, le sculptier accourut avec ses compagnons et, observant le désastre, constata qu'ils ne pouvaient toucher aux éboulis sous peine de provoquer une inondation fatale à tout le quartier tant que la crue serait aussi haute.

C'est alors que dans les jours qui suivirent, on vit la colombe mâle parcourir les gravats à la recherche de sa compagne restée prisonnière des éboulis. Et puis, on vit l'oiseau faire des allers et retours par une brèche précise, on l'entendit « parler » dans son langage d'oiseau avec sa compagne repérée et forcément vivante. Des voisins le virent lui apporter des graines dans son bec et même, avec un chalumeau de paille plié en deux, sans doute un peu d'eau indispensable à toute survie.

Le manège de la colombe fit l'objet de la curiosité de tout le quartier Notre-Dame, et même les chanoines du cloître voisin se déplacèrent pour bénir et prier le Seigneur du profit de cette nouvelle preuve de sa divine providence.

Quelques jours plus tard, la crue ayant fait baisser le niveau du fleuve, le sculptier et ses compagnons commencèrent à déblayer délicatement les éboulis, sous l'œil de la colombe mâle perchée sur un pignon voisin. Soudain, un cri s'éleva du haut des décombres :

– Je la vois, elle est là.

L'attention des témoins se tendit à l'extrême. On n'entendit plus, dira-t-on, que le murmure des prières s'envolant vers le ciel.

Avec d'infinies précautions, on retira les poutres et les gravats qui faisaient comme un dôme sous lequel, dans les restants de la cage de bois, brisée, se trouvait la colombe prisonnière.

Un dernier obstacle et, dans une envolée de plumes blanches, l'oiseau s'éleva joyeusement vers le ciel.

Alors, dit la chronique, tous les oiseaux de Paris arrivèrent à tire-d'aile de tous les côtés, et *c'éstoit comme une danse des anges dans le ciel de Paris.*

Les gens pleuraient, riaient, applaudissaient ou s'embrassaient tandis que, sur un pignon voisin, les deux colombes se bécotaient à perdre plumes.

L'enseigne d'un cabaret, le plus vieux connu de Paris, commémora l'événement par une enseigne, *Aux Deux Colombes*, laquelle donna son nom à la rue de la Colombe.

De nos jours, les lieux sont occupés par un bar à vin qui s'intitule La Réserve de Quasimodo, référence à l'œuvre de Victor Hugo *Notre-Dame de Paris* qui, en 1831, attira l'attention sur l'état piteux de la plus belle cathédrale de chez nous. D'abord parce qu'elle est « la teste, le cœur et la moeslle » de Paris et qu'elle est la plus équilibrée, inscrite dans la règle des trois… mais ça, c'est un tout autre chapitre.

LOUIS-PHILIPPE ET LE TAC AU TAC

Thiers avait dit, parlant de Louis-Philippe : « Le roi règne, mais ne gouverne pas. » De petite taille, le Marseillais compensait son envergure par un culot qui dépassait souvent la prétention.

Preuve en est qu'un jour où il avait tenu tête au « roi des Français » lors d'une séance de travail, avant de prendre congé il s'approche de Louis-Philippe et lui dit, baissant le ton :

– Voyez-vous, Majesté, vous êtes fin, mais je le suis encore plus que vous !

– Preuve que non, répond le roi, c'est que vous me le dites !

DUMONT D'URVILLE, PREMIÈRE VICTIME DU RAIL

8 mai 1842, c'est la fête de Louis-Philippe, roi des Français (et non pas roi de France ! Nuance voulue sensible). Il fait beau, c'est les « grandes eaux » à Versailles et une foule de Parisiens est venue passer la journée au château du Roi-Soleil, grâce au chemin de fer (24 km en 20 minutes).

Il est 17 h 25 et, dans quelques minutes, la première grande catastrophe ferroviaire va ternir l'attrait de cette merveilleuse innovation qui réduit les distances de plus des trois quarts.

La ligne Paris-Versailles a été mise en chantier voici dix ans par les frères Péreire et chaque belle saison voit des milliers de citadins prendre leur billet pour une bonne journée de plein air.

Tiré par deux « bécasses » (locomotives), qui halètent et crachent des volutes noires ou blanches, le train direct Saint-Lazare est composé de 18 voitures, emportant 770 passagers.

Par décision préfectorale, chaque compartiment a été verrouillé au départ, de l'EXTÉRIEUR, afin que « *les voyageurs ne descendent pas sur les voies* ». En réalité, cette décision a été prise pour que les « voyous de banlieue », cette racaille des faubourgs dont Eugène Sue parle si bien dans ses *Mystères de Paris*, ne montent pas dans le « dur » en voltige lorsqu'il grimpe une côte. Ce voyage à l'œil, des arsouilles qui surgissent en plein parcours déplaît souverainement aux bourgeois, surtout quand ils choisissent les compartiments de seconde, voire première classe.

C'est précisément dans un wagon de première classe que se trouve, dans ce train, l'un des hommes les plus célèbres et prisés de l'époque, M. Dumont d'Urville. En compagnie de son épouse, Adélie, et de leur fils de quatorze ans, il a pu apprécier à Versailles le talent des anciens dans l'art du décor, lui qui a découvert les merveilles de la nature aux quatre coins de la planète.

En effet, Jules Dumont d'Urville est l'un des plus grands explorateurs des temps modernes. Des milliers de miles sur les océans lui ont permis de faire connaître au monde des régions encore mal connues, comme l'Océanie, l'Antarctique. C'est dans cette région désertique qu'il a pris possession, voici deux ans, au nom de la France, d'une terre à laquelle il a donné le prénom de son épouse : la Terre Adélie (33 habitants français !). Toute sa vie, il a rapporté des trésors de renseignements scientifiques et humains de toutes sortes.

C'est lui qui a retrouvé les traces de La Pérouse, à Vanikoro, alors que l'explorateur français avait disparu corps et biens sur l'Astrolabe en 1788.

C'est lui qui a découvert les îles Loyauté, les îles Fidji.

C'est lui qui a relevé les côtes des Marquises, Salomon et autres noms exotiques que nous entendons mentionner au hasard des catastrophes qui alimentent notre univers médiatique.

Au Louvre, en entrant, *La Victoire de Samothrace* – vous voyez, cette figure de proue magnifiquement ailée qui ne vous tend pas les bras, et pour cause –, c'est lui qui est à l'origine de sa présence chez nous.

Natif de Condé-sur-Noireau, ce Normand de cinquante-deux ans a bien mérité de prendre un peu de bon temps, après avoir jeté l'ancre à Paris, au calme, parmi les siens.

Dans son compartiment capitonné façon moleskine, espace aussi restreint qu'une cabine de commandant sur un de ces nombreux navires bourlinguant sous ses ordres, à quoi pensait Dumont d'Urville, lorsque soudain, à 17 h 30… ?

À l'entrée de Meudon, un essieu de la première locomotive, poussée à l'excès par la seconde plus puissante, se brise net et se plante dans la voie. C'est l'accident dans toute son horreur. Les cinq wagons de tête s'écrasent les uns contre les autres, formant un tas informe de fer et de bois d'une hauteur de dix mètres. Comme l'obstacle est formé par les locomotives où brûle du charbon, le bois prend feu… L'horreur absolue.

Sur les cinquante-cinq victimes, quarante-trois seront tellement brûlées qu'il sera impossible de les identifier. Tout s'est consumé, même les bijoux.

Un seul de ces corps brûlés sera identifiable : Dumont d'Urville. En effet, dans les années 1830, une science nouvelle faisait florès en médecine : la phrénologie. C'était l'étude des caractères dominants d'un individu d'après la forme et les « bosses » de son crâne. (D'où les expressions « avoir la bosse des maths, du commerce », etc.) Or, si on étudiait les « bosses des assassins » comme on le fit pour Lacenaire après son exécution, on étudiait aussi, de leur vivant, les hommes célèbres. Jules Dumont d'Urville, explorateur fameux, avait fait partie de ceux-là et put être identifié grâce à cette pratique totalement obsolète aujourd'hui.

Son épouse Adèle fit partie des anonymes victimes de ce premier accident du rail. Elle était née Adèle Pépin…

Ainsi mourut à cinquante-deux ans, à quelques kilomètres de chez lui, un homme qui avait surmonté les plus grands périls au bout du monde. Victime du progrès et du décret sournois d'un préfet voulant déjouer les voltiges des profiteurs de la pègre de banlieue.

De ce jour-là, un nouveau décret interdit que les wagons soient fermés de l'extérieur…

CÉCILE SOREL NE L'A PAS « BIEN DESCENDU »

1933. En ce soir de première, le Tout-Paris se presse dans la salle du Casino de Paris, personne ne voulant rater l'événement.

– La « vieille » va descendre l'escalier… et arriver en bas les quatre fers en l'air !

La « vieille », c'est Cécile Sorel, grande vedette du théâtre qui, sur le déclin, a accepté de succéder à Joséphine Baker sur la célèbre scène parisienne.

– Joséphine avait vingt-cinq ans, elle en a combien, elle ?

– Oh ! Il y a belle lurette qu'elle n'a plus d'âge.

En fait, en 1933, Cécile Sorel n'a que soixante ans, mais à l'époque c'est un bel âge pour monter sur les planches. Et « les planches », elle connaît. Entrée au « Français » à trente ans, elle va « escalader les cintres » et franchir tous les barrages de la carrière, avant de parvenir à jouer les « premiers emplois » : Célimène du *Misanthrope* de Molière, *Marion Delorme* de Victor Hugo, *La Mégère apprivoisée* de Shakespeare, etc. À l'époque, le succès d'une actrice tient beaucoup plus à son organe vocal qu'à son physique. Il faut faire entendre et comprendre son texte à tous les étages d'un théâtre. Du parterre au poulailler, le récit doit percuter l'oreille du spectateur, d'où une sur-articulation déclamatoire difficilement imaginable aujourd'hui.

En 1944, à la Libération, jeune comédien (seize ans), j'ai figuré dans *Le Cid*, monté par un certain Aldebert sur les marches extérieures du Trocadéro, palais de Chaillot. Le rôle du roi était tenu par Samson Fainsilber et j'ai encore dans la mémoire sonore la dernière phrase de Corneille qui roulait à n'en plus finir, comme les galets sur la plage de Nice.

– *Laiiissssefai...rrrre le tem......ps ta vaillan......ce et ton rooooоiiiiii...*

Suivi d'un « appel du pied » qui déclenchait les applaudissements du public. Il faut rappeler aussi qu'avant-guerre, les vedettes de théâtre se payaient des « chefs de claque » qui, assis dans la salle à des places stratégiques (généralement des strapontins), faisaient partir les applaudissements du public à point nommé.

Cécile Sorel faisait partie de cette école-là qui fut détrônée par André Antoine, lequel prôna un retour à la sobriété des moyens et inventa la mise en scène moderne telle qu'on la pratique encore de nos jours.

Donc, ce jour-là, grande effervescence au Casino de Paris avec la « comtesse de Ségur » (titre officiel de l'actrice depuis son mariage avec le comte Guillaume de Ségur qui jouait « misérablement » sous le nom de Guillaume de Sax dans des films comiques, genre *Ernest le Rebelle* ou autre « Fernandeleries », du cinéma d'avant-guerre qui ont fait rire aux larmes des milliers de spectateurs, dont je faisais partie). À cette époque où le communisme déferlait sur la planète, on avait surnommé le couple Sorel-de Sax « la fossile et le marteau ».

La grande attraction d'entrée des « Revues » du Casino de Paris était la fameuse descente de l'escalier. Je peux mieux en parler que quiconque car, pour les besoins de la télévision, je les ai descendus... Oui, dans les années 70, nous faisions alors une émission du dimanche après-midi, « En savoir plus », composée de petites séquences documents, et nous avions mis au programme le Casino de Paris. Après une visite des lieux et interviews de diverses personnes, j'avais prévu :

– Micro en main, je commente l'escalier en le descendant.

À quarante ans, on ne doute de rien, mais ce jour-là, en arrivant avec l'équipe TV dans la salle, alors que le rideau en se levant découvrait les fameux escaliers, je ne pus m'empêcher de m'exclamer :

– Ce n'est pas un escalier, c'est une échelle !

De fait, pour occuper le moins de place sur le sol, les marches ont été réduites de moitié dans leur largeur… un demi-pied au lieu d'un pied entier. Voyant mon œil dubitatif, l'administrateur qui nous accompagne s'enquiert :

– Vous aviez peut-être l'intention de les descendre ?

Le rire général qui suit sa question lui en donne la réponse.

– Oh ! vous savez, ce n'est pas si difficile que ça en a l'air, intervient la capitaine des girls, présente à nos côtés. Il suffit de respecter deux conditions. Premièrement, rester le regard à l'horizontale sans jamais regarder ses pieds et, deuxièmement, glisser les talons qui tombent ainsi de marche en marche jusqu'en bas…

Un temps, je toise la distance qui me sépare de la première marche en haut.

– Il suffit !…

Dans ces circonstances-là, les rires des copains sont autant de défis lancés où le mot « dégonflé » n'en est pas le moindre sous-entendu.

Alors, je l'ai fait. Micro en main, regard fixe sur le balcon, mes talons glissant successivement d'une demi-marche à l'autre, j'ai descendu le fameux escalier en redisant en bas la fameuse phrase de Cécile Sorel.

– L'ai-je bien descendu ?

Le pire, c'est que le réalisateur (mon frère aîné Roland-Bernard) a réussi à me le faire refaire une seconde fois… Lorsque j'eus refait cette descente aux enfers, mon frère dit :

– C'était bien, mais moins que la première, alors si tu…

– Il n'en est pas question !

Une voix venant de la salle intervint avant que je n'aie pris le temps de répondre, la FDMV (Femme De Ma Vie) toujours présente à mes côtés, estimant que le « jamais 2 sans 3 » ne valait pas qu'on l'essaye pour une expérience de ce type.

Je n'ai donc « bien descendu » l'escalier du Casino de Paris que deux fois. « Sans tricher, moi » car aujourd'hui, on peut bien le dire – et pour l'affirmer il suffit de regarder sur Internet la fameuse descente au bas de laquelle la grande Cécile Sorel a prononcé la phrase qui l'a rendue célèbre et sans laquelle elle ne serait restée qu'une « grande comédienne » parmi tant d'autres : L'ESCALIER QU'ELLE DESCEND EST NORMAL.

Parties de moins haut et avançant plus sur la scène, les marches ont la même taille que ces millions de marches montées et descendues tous les jours par des millions de personnes.

Mais, vues de face, et dans le frou-frou des girls et des boys qui l'entourent, le public d'époque venu pour voir la « fossile » se ramasser la figure a été cueilli par sa réplique improvisée (?) :

– L'ai jeeee biiienn desssscenduuu ?

Et c'est ce que l'Histoire a retenu… Évidemment, les invités en smoking de l'époque ont tous remis leur nœud papillon au musée ou au vestiaire, mais moi qui avais quarante ans à l'époque et qui ai pu apprécier la raideur du véritable escalier, je comprends pourquoi le Tout-Paris susmentionné s'était déplacé pour voir la « fossile » (avec ou sans son « marteau ») se casser la margoulette dans un escalier que n'importe qui aurait descendu aussi bien qu'elle.

CLEMENCEAU, HOMME D'ESPRIT

Alors qu'il vient de recevoir son premier portefeuille de ministre de l'Industrie, escorté de son nouveau chef de cabinet, il prend possession des lieux.

Premier bureau… personne.

Deuxième bureau… personne.

– Ah !

Troisième bureau… enfin un fonctionnaire. Las ! Celui-ci, les pieds sur le bureau, est plongé dans un profond sommeil. Comme le chef va se précipiter sur lui, Clemenceau le retient et baissant la voix :

– Surtout pas, il serait capable de se vexer et de s'en aller !

Par la suite, il dira :

– La France est un curieux pays. On y plante des fonctionnaires et il pousse des impôts…

Et aussi :

– Un ministère, c'est un endroit où ceux qui arrivent en retard croisent ceux qui partent en avance…

* * *

*

Il racontait avoir lu, pendant la guerre, cette pancarte disposée dans la vitrine du magasin La Religieuse à la Madeleine, magasin spécialisé dans les chapeaux féminins :

« Pendant les hostilités, La Religieuse ne fait pas de fantaisie »

* * *
*

Critiqué à l'Assemblée par l'opposition alors que, président du Conseil (Premier ministre), il tentait de rétablir la confiance sur le front, il eut cette phrase lapidaire qui résumait la situation :

– Foutez-moi la paix, je fais la guerre !

* * *
*

Pendant la guerre 14-18, Clemenceau visite un hôpital militaire dirigé par une femme colonel-major à l'autorité aussi débordante que son efficacité.

– Vous savez, Monsieur le Président, dit-elle après l'inspection d'usage, je suis « poilu » comme tous mes p'tits soldats.

– Vraiment ? répond le Tigre, l'œil frétillant.

– Ça oui ! D'ailleurs, tous mes p'tits soldats le savent bien.

Alors Clemenceau :

– Vous savez Madame, votre vie intime ne nous regarde en aucune façon…

* * *
*

Un jour, un député fait un constat navrant devant Clemenceau :

– Monsieur le Président, c'est évident, les ouvriers travaillent de moins en moins !

– Et c'est pas d'aujourd'hui, répond le Tigre, navré lui aussi… Regardez les pyramides d'Égypte !

* * *
*

Le jour où toute la presse commente cette incroyable nouvelle : « Le président Deschanel est tombé par la fenêtre de son train officiel », au moment de monter comme chaque matin dans sa limousine, son chauffeur lui glisse :

– Vous avez vu, Monsieur le Président, pour Monsieur Deschanel ?

Alors, Clemenceau, qui connaît le goût de Deschanel pour les jolies femmes, de répondre :

– Voyez-vous, Albert, c'est bien la première fois chez cet homme que la tête l'a emporté sur la queue !

LE GIBET DE MONTFAUCON

– On sent que le vent est au nordet !

– Oui, qu'est-ce que ça – schlingue, pue, cocotte –.

Je ne connais pas le mot moyenâgeux qu'employaient les Parisiens en cette époque lointaine, mais il y avait du « puer » (qui a fourni les mots « putois » et « punaise »...) dans l'air ces jours-là.

En effet, le vent soufflant de la route de Meaux, au nord-est de Paris, rabattait l'odeur pestilentielle des fourches patibulaires du gibet de Montfaucon. Sur trois étages, un échafaudage sur des murailles de dix mètres sur dix balançait quelques douzaines de pendus, dont la vue glaçait d'effroi les voyageurs venant des pays du nord ou de l'est de l'Europe.

Les corps des suppliciés, pendus là ou rependus là après exécution sur les places parisiennes, restaient suspendus par le cou ou dans des sacs à des chaînes, jusqu'à ce que le tronc se détache de lui-même de la tête. Alors, les croquemorts du Roy poussaient les carcasses dans une cavité située au mitan sur laquelle on jetait de temps en temps de la chaux vive.

Bonjour l'odeur ! Le lieu restait gardé, jour et nuit, par des gens d'armes, pour empêcher les parents ou les barbiers-chirurgiens de venir récupérer les corps, dans des buts d'inhumation décente pour les uns ou d'expériences anatomiques, voire magiques, pour les autres.

Le condamné qui « montait » de Paris en carriole pouvait espérer croiser en route un prélat, auquel cas celui-ci avait le pouvoir de lui accorder la grâce suprême, après l'avoir entendu en confession. Autre cas de recours miracle : la corde cassait ! Il était gracié, mais comme le bourreau était sanctionné, autant dire que cela ne se produisait presque jamais. Dernier recours miraculeux, à une certaine époque, si une femme libre de tout lien, présente sur les lieux, le demandait comme époux, se déclarant responsable de sa repentance, il repartait avec elle… On raconte qu'un condamné, trouvant la dame qui le réclamait si laide, refusa net, préférant la mort au mariage. Ce serait, disent certains, l'origine de l'expression « *se passer la corde au cou* » ! Un chroniqueur de l'époque dit que « ce n'était point faire grâce à un coupable, puisque le marier était peisne plus grande que la mort. »

À proximité de Montfaucon se trouvait un terrain où les femmes coupables de crimes étaient purement et simplement enterrées vivantes. On ne pendait pas les dames, parfois on les étranglait à mains nues. Mais les sorcières, les hérétiques, les auteurs de crimes sexuels, incestes ou homosexuels étaient brûlés vifs… comme Jeanne d'Arc à Rouen condamnée comme hérétique ayant remis ses habits masculins… (On lui avait piqué sa robe et pour ne pas paraître nue, elle avait remis les hauts-de-chausses laissés là pour ça.)

En cette époque charmante, la peine publique devait prendre aux yeux de tous un sens d'exemplarité. La justice disait : *On ne punit pas le malfaiteur pour son méfait mais pour que son châtiment serve d'exemple.*

C'est la raison pour laquelle les exécutions capitales se déroulaient en public. Public qui conspuait et jetait des ordures et autres détritus aux condamnés chargés des crimes les plus divers, mentionnés par pancarte.

Ce public était d'ailleurs très sensible aux incidents qui pouvaient troubler le déroulement ordinaire : l'échelle pour monter le pendu qui glisse, le bourreau maladroit, les liens qui tiennent les mains du supplicié qui tombent étaient autant de preuves que Dieu n'était pas en accord avec le jugement des hommes.

– Miracle ! Dieu a parlé.

Les cris et les prières sauvaient parfois in extremis le supplicié. On raconte le cas de ce faux-monnayeur condamné selon la tradition à être « *bouillu vif* ». Une grande cuve posée sur trépied, sous laquelle un grand feu pétille, a été installée sur le parvis de Notre-Dame. L'eau frémissante indique le degré atteint pour la plongée fatale. Le supplicié, en chemise, pieds et poings liés, est amené sur une charrette, le motif de son crime, «*fausse monnoye*» lisible sur sa poitrine. La foule crie des insultes et ricane. Près de l'homme, un clerc brandit le crucifix et chante un psaume de circonstance.

Alors, tout se précipite.

On vire la pancarte, le bourreau et son aide saisissent l'individu et le jettent dans le bouillon comme un vulgaire homard. L'homme disparaît quelques secondes puis se dresse de mi-corps hors de la soupe:

– Ouyouyouille!

Surpris de ce sursaut inhabituel, le bourreau prend un bâton et assène un coup sur la tête du supplicié qui redisparaît dans le bouillon pour rejaillir aussitôt:

– Ouyouyouille!

Les témoins les plus proches commencent à protester contre le bourreau qui, de nouveau, lui assène des coups sur la tête.

– Tu n'as pas le droit de le toucher, maraud!

– Miracle, Dieu ne veut pas de lui!

– Ouyouyouille!, continue de crier le malheureux à chaque réapparition à la surface.

Devant cette situation de survie exceptionnelle, les spectateurs les plus hardis se saisissent alors du bourreau, qu'ils immobilisent tandis que d'autres sortent le faux-monnayeur de son bain. On le porte jusqu'au portail de Notre-Dame entrouvert par des clercs qui profitent du spectacle.

– Droit d'asile!, crie la foule qui s'interpose devant les gendarmes qui veulent intervenir.

– Droit d'asile! Notre Dame est avec lui!

Le portail de la cathédrale se referme sur le «bouillu vif». Il est sauvé du court-bouillon et il vivra.

Eh oui, aussi étonnant que cela paraisse, l'histoire raconte que, soigné «*sur tout son corps par onguents capiteux*», il mit «moult» semaines à guérir, à la suite de quoi, gracié par le roi, il reprit une vie normale et repentie. *Aussi bien il se maria et eut des enfants*, preuve, précise le récit d'époque, que *ses œufs n'estoient point cuits durs…*

Autre indication pour les suppliciés « délicats » de cette époque, les domestiques, convaincus de vol, étaient condamnés à l'essorillement partiel. C'est-à-dire que le bourreau leur coupait une ou deux oreilles, d'où l'expression, dit-on, « dormir sur ses deux oreilles ».

Pour revenir et en terminer avec Montfaucon, en dehors de cette puanteur qui, par brise de nordet, parfumait la capitale – laquelle avec les ordures de toutes sortes que l'on jetait par les fenêtres, « gare l'eau ! », ne sentait pas la rose en temps ordinaire –, un bruit tout à fait caractéristique identifiait le sinistre lieu de loin : le croassement des corbeaux qui nichaient dans les arbres avoisinant le gibet.

Le dictionnaire précise : Corbeau, du latin *corvus*. Oiseau passereau au bec puissant qui se nourrit de charognes.

Bon appétit à tous ! C'était le bon temps.

LE « PUCIER » DU ROI ABSENT ENGENDRE UN SOLEIL

– Non, vous dis-je ! Nous n'avons nulle envie de nous retrouver baigné dans les odeurs sucrées de leur cuisine espagnole où l'ail vous pique les narines comme des lancettes de vétérinaire.

– Mais, Sire, constatez par vous-même l'état de la chaussée, et ici nous sommes en plein Paris. La route qui mène à Saint-Maur sera devenue une fondrière où votre carrosse risque, à coup sûr, l'enlisement et une fâcheuse immobilisation.

– Alors patientons, que diable ! Cet orage ne saurait durer toute la nuit !

En ce début janvier 1638, un orage, fait exceptionnel en cette saison, s'est abattu soudain sur Paris, transformant les rues pavées en torrents véhiculant toutes sortes de détritus en direction de la Seine.

Le roi Louis XIII vient de quitter son amie de cœur, Louise de La Fayette, cloîtrée depuis un an dans un couvent rue Saint-Antoine, lorsqu'à la grille son chambellan lui fait constater ce fâcheux contretemps dans toute l'acceptation du mot.

Fâcheux, de fait, dérangeant. Le roi avait prévu de passer la nuit au château de Saint-Maur, échappant une fois de plus à la compagnie de son épouse Anne d'Autriche qui, comme son nom de l'indique pas, est une pure Espagnole vivant à l'ibérique au Palais du Louvre.

Voilà vingt-trois ans que, pour des raisons d'État, le fils d'Henri IV a épousé la fille du roi d'Espagne alors âgée, comme lui, de quinze ans. Or, si le jeune roi est mature sur le plan sexuel, il a été initié par Charles, marquis d'Albert, duc de Luynes, dès son âge de onze ans. On comprend mieux que sa nuit de noces avec une gamine inexpérimentée, qui baragouine à peine la langue française, se soit soldée par un « non-lieu » suivi d'un « non-retour » de six ans. Ayant pris conscience de l'obligation dans laquelle le fils-roi d'Henri IV se trouvait d'assurer une descendance dynastique, Louis rassembla ses forces viriles pour affronter de nouveau le lit conjugal. Si ce ne fut pas dans la joie, ce fut dans l'efficacité, à en juger par les quelques fausses couches que fit, hélas, la reine Anne d'Autriche.

Entre-temps, Louis repartait à la guerre ou à la chasse en compagnie virile, et passait ses soirées dans la mâle odeur de la sueur et du cuir devant un bon feu de cheminée, ne serait-ce qu'à Versailles, dans son petit pavillon au milieu des marais.

Lorsque de Luynes mourut, Louis eut beaucoup de peine et observa un deuil qui en disait long sur les liens affectifs, non pacsés, unissant un « vieux couple d'amis » inséparables et complices depuis dix ans.

Quelques années plus tard, Richelieu, d'abord boudé par Louis XIII pour avoir fait partie du « clan » Marie de Médicis (Madame Mère Régente) et son âme damnée Concini, devient le Premier ministre du roi. De ce fait, il prend en main les affaires de la France et va mener une politique renforçant l'autorité royale au plus haut niveau.

Fin et subtil, usant de tous les moyens dont dispose un ministre aux pleins pouvoirs, le cardinal va réduire au maximum l'opposition des lobbies, qu'ils viennent des protestants ou des nobles, préparant l'autorité suprême de l'héritier du roi qui, précisément, commence à tarder dangereusement.

En ce début d'année 1638, à trente-sept ans, le roi commence à se « faire vieux » en une époque où la cinquantaine est considérée comme le crépuscule de l'existence. De plus, sa réticence à fréquenter la couche espagnole ne met pas du baume au cœur des légitimistes. N'oublions pas que faute de descendance, les Valois (Henri III) ont cédé récemment le trône aux Bourbons (Henri IV). On ne va tout de même pas recommencer… Et tout ça parce qu'un roi préfère aller coucher au bout de l'aventure à Saint-Maur-les-Fossés plutôt qu'au Louvre, à deux pas de la rue Saint-Antoine. Et par un temps de chien.

Et c'est là que se joue l'histoire. Si le roi Louis treizième du nom, descendant de Clovis (devenu Louis par déformation : Clovis, Chlodonins, Ludovic, Louis), ne veut pas aller au Louvre, c'est qu'il sait ce qui va se passer : IL N'Y A PLUS SON LIT…

En effet, à l'époque, pour éviter tout risque d'attentat par empoisonnement ou machination quelconque, le mobilier royal se déplaçait dans la journée pour être installé là où étaient prévus l'étape ou le lieu de séjour. Ce soir-là donc, « le pucier du Roi » était à Saint-Maur… alors ? Vous devinez la suite. Retour au Louvre, la reine achève de souper avec ses gambas frites… elle invite son royal époux à casser une petite graine avec elle.

– Apportez le jambon de Bayonne, que nous préférons au jambon de Parme depuis l'exil de Mme Mère, et du pain. Voulez-vous de la mantequilla ?

Comment faire la fine bouche devant toute cette cour avide de ragots et de commérages… ? Alors, après un dernier p'tit verre de manzanilla…

La reine avait son lit tout près et tout prêt, bassiné de chaud, avec des draps de lin bien doux, bien parfumés au jasmin…

Combien de temps Louis aura-t-il attendu cette accalmie ? Les scrupules du chambellan étaient-ils sincères ou empreints d'une volonté occulte ?

– Ne ratez pas la première occasion pour rapatrier le roi au Louvre en ce moment. C'est la période idéale !

À près de quatre siècles de distance, aucun historien n'a pu, de façon formelle, ni confirmer ni infirmer l'aspect fortuit ou non de l'événement.

Quoi qu'il en soit, neuf mois plus tard, le 5 septembre 1638, au château de Saint-Germain-en-Laye, résidence d'été de leurs Majestés, naissait un fils prénommé Louis-Dieudonné, qui allait régner pendant soixante-douze ans sous le nom de Louis XIV le Roi-Soleil.

Coincé entre Henri IV et Louis XIV, le pauvre Louis XIII ne fait que trente lignes au *Petit Larousse*, contre trente-sept à son père et soixante à son fils…

Alors, si ce jour-là il n'y avait pas eu d'orage à Paris ? À quoi ça tient, le destin…

HÉLOÏSE ET ABÉLARD RÉUNIS, MAIS SÉPARÉS

… Aussi, lorsque le cercueil fut ouvert et que l'on écarta le linceul qui recouvrait le cadavre de l'homme, inhumé là depuis vingt-trois ans… on vit, avec la stupeur qu'on imagine, ses deux bras momifiés se lever comme pour accueillir celle qui l'attendait pour l'éternité.

C'est en ces termes traduits du vieux « françois » que s'achève l'une des plus belles et plus cruelles histoires d'amour dont les noms sont aussi indissociables que Roméo et Juliette ou Tristan et Yseut : Héloïse et Abélard.

Seulement voilà, si les deux premiers couples cités font partie de la légende et ne possèdent pas de sépulture, Héloïse et Abélard, eux, ont un tombeau visible encore aujourd'hui au Père-Lachaise. Avec même des gisants et un monument gothique recomposé au XIXe siècle à partir des principales pierres d'origine.

Tout le monde connaît leur histoire qui se résume en quelques lignes : Héloïse avait dix-sept ans, elle était belle comme le jour, Abélard dans la 40e rugissante, beau et pétri d'élégance. Elle monte à Paris étudier chez son Tonton Fulbert, chanoine à Notre-Dame. Lui est professeur distingué et loge aussi chez Tonton. Que voulez-vous qu'ils fassent entre deux cours particuliers ? AH ! VOUS AUSSI ! Lorsque le fruit de ses leçons commença à se développer, le séducteur expédia sa belle en province pour la soustraire à la fureur du Tonton qu'il évita de rencontrer. Rien que du classique en somme.

C'était sans compter sur la « fulminance » de Tonton Fulbert. Des mercenaires sans merci, soudoyés par le chanoine chafouin, s'emparent d'Abélard une nuit et lui coupent... l'envie de recommencer. Tout contact charnel devenu impossible, les deux amants éplorés se retirèrent chacun dans un couvent d'où ils se contentèrent de transports épistolaires. Lorsqu'il mourut, Mère Héloïse fit transporter secrètement feu Frère Abélard dans son couvent et, lorsqu'elle s'éteignit à son tour, en odeur de sainteté, vingt-trois ans plus tard, selon leurs vœux on la déposa dans le même cercueil que lui.

C'est là qu'il lui tendit les bras... MIRACLE !

Nous n'avons aucune précision quant à la disposition adoptée pour réunir les deux corps dans le même cercueil. (Côte à côte ? Tête-bêche ? Lun sur l'autre ? Nous savons que, plus récemment, Léopoldine, le fille de Victor Hugo noyée dans la Seine en 1843, fut mise dans le même cercueil que son mari mort en tentant de la secourir. La bière fut doublée en hauteur.)

Voilà donc nos deux amants tragiques réunis pour l'éternité. Ils reposèrent ainsi pendant plus de cinq siècles, l'un près de l'autre, dans l'oratoire du Paraclet (l'esprit saint) près de Nogent... jusqu'en l'an 1630 où...

L'oratoire menace ruine. Des aménagements s'imposent. On décide de transférer le tombeau Héloïse-Abélard dans une autre église proche de l'oratoire. C'est alors qu'une « *de-quoi-j'me-mêle* », une « *sexiste-au-p'tit-pied* », une « *perdue-de-tendresse-cérébrale* », sous le prétexte insolent d'être l'abbesse du couvent, se mêla de séparer les deux corps. Abélard dans un cercueil, Héloïse dans un autre... Non seulement elle les sépara mais elle mit les tombeaux de chaque côté du couvent, l'un au nord l'autre au sud.

Des années se passent avant qu'une autre abbesse plus... ou moins... les réunisse du même côté de la chapelle, cercueils l'un au-dessus de l'autre.

À la Révolution, en 1792, lors de la démolition de l'église, un responsable, lui aussi moins... ou plus... a l'idée de réparer le tort fait à la mémoire des deux amants célèbres en réunissant leurs restes dans la même bière… Ouf!

Mais NON, quel imbécile heureux décida de cloisonner le cercueil en deux parties avec une plaque de plomb…?

Abélard d'un côté avec « *des portions de fémurs et de tibias, des côtes, des vertèbres et une partie du crâne* ».

Héloïse de l'autre avec « *la tête complète, les côtes, les bras et les jambes en entier* ».

Après avoir erré un temps dans le jardin, puis dans la cour de l'école des Beaux-Arts, ayant échoué dans l'église Saint-Germain-des-Prés, en 1817, nos deux amants voyageurs furent transférés finalement au Père-Lachaise (7e division) où l'on peut voir de loin leur tombeau gothique, reconstitution de ce qu'il était à l'origine, voici neuf siècles de cela, époque où Notre-Dame sortait de terre.

Malheureusement, une chape de plomb les sépare à jamais. À moins qu'un jour, un conservateur ou un historien, un peu moins… ou un peu plus… ne décide de briser cette barrière incongrue, décidée par une « *de-quoi-j'me-mêle* », une « *sexiste-au-p'tit-pied* », un « *jean-foutre* » aurait dit Brassens.

LE DERNIER MOT DE TOULOUSE-LAUTREC

C'est la fin, le médecin vient de quitter la chambre en faisant un petit signe discret au père du peintre, le comte de Toulouse.

– Je ne peux plus rien pour lui.

Lui, c'est Henri de Toulouse-Lautrec et nous sommes le 9 septembre 1901 au château de Malromé, propriété de sa mère où il est venu mourir, rongé par l'alcoolisme qui lui faisait oublier son physique, ô combien difficile à supporter.

Dans la famille, on raconte encore aujourd'hui qu'une chute de cheval dans son enfance... Soit, mais avouons qu'il avait tous les symptômes de ce que la médecine appelle « pycnodysostose », soit en clair : nanisme (1,42 m), crâne énorme, petites jambes et fontanelle non fermée. (Ceux qui lui ont caressé la tête n'en ont jamais parlé.) Maladie provoquée par la consanguinité, et son père et sa mère étaient cousins germains !...

À son alcoolisme – qui lui faisait dire « Je boirai du lait quand les vaches mangeront du raisin » et, pour finir, mélanger l'absinthe et le cognac –, il faut ajouter la syphilis, maladie vénérienne contractée lors de ses fréquents séjours dans les maisons closes. Il y était surnommé « le trépied » au vu de ses petites jambes et de sa « zigouégouette » de taille XXL... Si l'on ajoute à cela qu'il avait « un cheveu sur la langue » et bavait en parlant, on comprend mieux ce « mal de vivre » qui l'avait conduit là, à même pas trente-huit ans.

D'une intelligence supérieure et fin lettré, il était très sentimental. Comme aucune femme ne voulait avoir de liaison suivie avec lui, on raconte qu'un jour une des prostituées de la Fleur Blanche, où il avait une chambre en permanence, accepta de sortir avec lui lors de son jour de repos. Il l'emmena à la fête foraine, et elle lui offrit en remerciement un bouquet de violettes qu'il conserva pendant des mois, le montrant à ses amis comme s'il s'agissait du plus précieux des trésors.

Lors, une toux secoue brusquement le moribond qui suffoque. On le remonte sur ses oreillers trempés de la sueur qui ruisselle sur son front. La quinte calmée, Henri tourne ses yeux globuleux vers son père, immobile sur une chaise, au pied du lit, et dit :

– Je savais que vous ne manqueriez pas l'hallali…

Allusion au chasseur qu'était son comte de père, personnage haut en couleurs et totalement azimuté. Il avait pour habitude de se promener avec un faucon ou même un aigle sur l'épaule, au grand étonnement des populations locales. On raconte qu'un jour, ayant pris le train avec son aigle, celui-ci déposa une « carte de visite » sur son pantalon. Sans se soucier de ses compagnons de voyage, le comte de Toulouse ôta son pantalon, qu'il nettoya avec un mouchoir et de l'eau qu'il avait dans son sac de voyage. Puis, pour le faire sécher, il baissa la vitre et fit flotter son pantalon à l'extérieur. À un certain moment, il lâcha prise et son accessoire vestimentaire s'envola dans la nature. Pas du tout gêné, on vit à la gare descendre du train un homme coiffé d'un canotier, portant fièrement un aigle sur l'épaule, en caleçon et supports-chaussettes, monter en toute sérénité dans la voiture à cheval venue le chercher.

C'est cet hurluberlu qui attendait là, en compagnie de femmes récitant leur chapelet, la mort de son fils. Quelques instants auparavant, le comte avait voulu lui couper la barbe.

– C'est une coutume arabe, disait-il en brandissant rasoir et blaireau. On avait fini par l'en dissuader.

À présent, le descendant en titre des comtes de Toulouse, dont la dynastie remontait à Charlemagne, avait enlevé un de ses supports-chaussettes en élastique, et visant les mouches qui venaient se poser sur le drap du lit, parvenait de temps en temps à en tuer une, qu'il déposait de côté tel un trophée de chasse.

Ce fut la dernière vision qu'eut Toulouse-Lautrec de son père. Alors, il ferma ses yeux de génie, qui avaient su si bien capter les attitudes, les mœurs et les visages de tout un monde de fêtards et de jouisseurs du Montmartre 1900…

Ses grosses lèvres lippues s'agitèrent avec une certaine fébrilité. Une des femmes approcha, tendit son oreille, l'écouta, un dernier soubresaut… Toulouse-Lautrec était mort.

– Qu'est-ce qu'il a dit ?, demanda le comte en se levant pour fermer les yeux du défunt.

La femme assura qu'elle n'avait rien compris. Plus tard, elle révéla les mots qu'Henri avait prononcés juste avant de rendre son dernier souffle.

– Le vieux bâtard !

En fait, les autres avaient tous entendu un mot beaucoup mieux adapté :

– Le vieux con !

MADAME TALLEYRAND ÉTAIT-ELLE DINDE ?

– D'où êtes-vous originaire, chère Madame ?

– Je suis d'Inde.

– C'est donc ça ! Mon amie Madame la Maréchale Lefebvre me le disait et je ne la croyais pas… Vous êtes bien d'Inde.

Alors, se retournant vers Mme Sans-Gêne qui, dans un petit groupe d'invités, non loin, guettait la réponse.

– Vous aviez raison, Madame la Duchesse est bien « dinde »…

Bizutage puéril, au détriment de l'épouse du parangon des ministres diplomates que l'histoire de France ait connu :

Charles-Maurice de Talleyrand-Périgord, ci-devant évêque d'Autun, membre actif de la Révolution de 1789, ministre, ambassadeur, diplomate, traître pour les uns, fin stratège pour les autres… mais marié par amour à la seule femme qui « l'envoya au septième ciel » : Catherine Verlée, née aux Indes, par pur hasard.

Elle était belle à couper le souffle et, autant courtisée que peu farouche, avait eu une bien belle collection d'amoureux. Elle n'avait « d'Inde » que le fait d'y être née de parents bretons échoués là, pour les besoins de la Compagnie des Indes. Talleyrand l'avait connue à Londres, puis à Paris sous le Consulat, où, soupçonnée de conspiration et mise en prison, le ci-devant évêque avait fait porter une lettre au citoyen consul Barras, pour l'innocenter. Dans cette lettre, on a trouvé l'unique aveu d'amour jamais écrit par le « diable boiteux » : *Je l'aime.*

Il en fut épris au point de l'épouser en 1802, envers et contre l'avis de l'Empereur et du pape, celui-ci parce qu'il avait été évêque, et celui-là parce qu'il estimait qu'il pouvait prétendre à « mieux » qu'une femme qui avouait être dinde ? C'est vite dit.

En fait, cette « dinde » ne se moquait-elle pas plutôt, en faisant cette bourde un peu grossière, de ces dames venues du peuple et propulsées dans la noblesse d'Empire par les cicatrices de leurs soldats de maris ?

Car Catherine, contrairement à ceux qui disaient qu'elle était « la belle et la bête » en une seule personne, a tenu, auprès du prince des diplomates qui recevait tout le gotha de l'Europe, un rôle de maîtresse de maison apprécié de tous, pendant près de quinze ans.

Elle eut, il est vrai, quelques amants de cœur que son mari de « diable boiteux », qu'elle surnommait dans certaines lettres « piécourt », faisait semblant d'ignorer. Elle connut même le grand amour avec le duc de San Carlos expédié à Valençay par l'Empereur avec toute la cour espagnole.

Un jour que Napoléon avait été, comme souvent, contrarié par son ambassadeur, avec tout le tact qu'il savait employer quand il voulait, il lui dit :

– Vous ne m'aviez pas dit, M. le Prince de Bénévent, que San Carlos était l'amant de votre femme !

Du tac au tac, Talleyrand répondit :

– En effet Sire, je n'avais pas pensé que ce rapport pût intéresser la gloire de Votre Majesté ni la mienne…

Après avoir géré la propriété de Valençay, où elle signait ses lettres « Princesse souveraine », cohabité rue Saint-Florentin dans l'hôtel particulier qu'elle dirigeait en parfaite maîtresse de maison, Catherine, divorcée du « diable boiteux », finira paisiblement ses jours à Paris. Décédée en 1835 à l'âge de soixante-quatorze ans, c'est Talleyrand qui commandera ses obsèques de première classe auxquelles, « souffrant », il n'assista cependant pas (il avait quatre-vingt un ans).

Après une vie exceptionnellement riche en événements de toutes sortes, Catherine Verlée, née à Traquebard côte de Coromandel en Inde, seule à avoir porté le titre de princesse de Talleyrand, fut le grand amour du « diable boiteux » qui l'appelait familièrement « chère Kelly ». En aucun cas, elle ne pouvait, comme le dit un peu hâtivement la petite histoire, être sotte ni stupide.

Si elle fut « dinde » pour certaines, ce ne fut que pour des péronnelles « de basse cour », sans aucun trait d'union.

TALLEYRAND (SUITE)

Talleyrand avait, tout le monde le sait, un pied-bot qui le contraignait à porter une chaussure orthopédique avec une tige en fer. C'est à cause de ce pied-bot qu'il fut destiné à la prêtrise bien qu'étant l'aîné, car les Talleyrand-Périgord ne voulurent pas confier la destinée et l'héritage de la famille à un infirme. Ce fut donc son frère cadet qui hérita du droit d'aînesse.

Un jour que, dans un salon, il traînait sa jambe avec la difficulté qu'on imagine, une dame affublée d'un horrible strabisme divergent (un œil vers Brest, l'autre à Strasbourg !) s'approche et lui demande :

– Comment allez-vous, Prince ?

– Comme vous voyez, Madame.

* * *
*

Le prince de Bénévent, avec l'aide et sur ordre de Bonaparte, acheta à Valençay un domaine d'environ 200 km^2…

– Je veux que vous y receviez brillamment les étrangers marquants…

Talleyrand y fit effectuer de somptueux aménagements. Par la suite, il y accueillit, entre autres, pendant cinq ans, le roi d'Espagne et sa cour après que Napoléon avaiit placé son frère sur son trône.

L'épouse du « diable boiteux », Catherine, ayant un jour estimé manquer de personnel, celui-ci réunit le lendemain les quatre laquais qui faisaient office de valets de pied.

– Messieurs, leur dit-il, je viens de prendre avec la princesse une décision importante. J'ai décidé de vous augmenter à la fin du mois.

Et comme les valets s'inclinaient en guise de satisfaction, il ajouta :

– Oui, vous étiez quatre, désormais vous serez cinq !

C'est Guitry qui le raconte… alors !

LA MAIN DE COLETTE SUR SON CHAT

Nous filmions chez Mme Colette. Véritable trésor fait de souvenirs amassés par la grande dame de la littérature française. Meubles, objets familiers, galerie d'art, tout ce qui avait été le cadre de vie d'une des plus célèbres représentantes de la pensée du XXe siècle défilait sous l'œil glacé de notre caméra.

Dans l'encoignure d'une des portes, Bel Gazou, la fille unique de Colette, Mme de Jouvenel, suivait notre travelling d'un regard blasé. Combien de fois déjà, depuis le décès de son illustre mère, n'avait-elle pas dû répondre aux questions plus ou moins débiles des reporters ?

– Votre maman était une grande collectionneuse d'œuvres d'art ?

– Lorsque vous regardez tous ces souvenirs, qu'est-ce que ça vous fait ?

– Si vous aviez à conserver un seul de ces objets, lequel garderiez-vous ?

Poliment, mais avec fermeté, elle m'avait refusé de paraître dans le reportage.

– Vous m'avez demandé l'autorisation de filmer les lieux, pas les occupants. Je ne suis ici qu'une ombre parmi les ombres.

Ayant terminé nos prises de vue, je conclus à l'image :

– … Et c'est accotée à cette fenêtre, qui donne sur les façades Sud du Palais-Royal, que la grande dame entendait tonner le fameux canon miniature dont le soleil, dardant au travers d'une loupe, enflammait la poudre à midi... Madame Colette, Palais-Royal, rue du Beaujolais, Paris, tout un symbole.

Clap de fin. Commentaires techniques. Il ne reste plus qu'à faire quelques gros plans d'objets. Je m'approche de Mme de Jouvenel pour la remercier et m'enhardis à lui poser une question qui me titille depuis que nous sommes entrés dans les lieux.

– Hors caméra, m'autorisez-vous...

Parmi les nombreux tableaux qui tapissent les murs, portraits, paysages, natures mortes, il y en a un qui m'intrigue beaucoup. C'est un chat, mais un chat avec une main de femme sur son dos. Juste le bout de l'avant-bras et la main qui le protège affectueusement.

– Ce tableau-là...

Le visage de Bel Gazou s'éclaire, mieux, elle me regarde comme si j'avais décelé l'un des objets les plus singuliers réunis là, en tant que témoins de la vie exceptionnelle de « Claudine ».

– Ah ! c'est toute une histoire !

– C'est la main de votre maman ?

– Oui et c'est son chat. Il a été peint par Valentine Hugo... Ça vous dit quelque chose ?

Coup de chance, ce nom m'évoque une dame mariée à un descendant direct de Victor Hugo[1], laquelle, ne pouvant avoir d'enfants, le force à divorcer afin de perpétuer la descendance du vénérable ancêtre. C'est en échange de ce sacrifice qu'elle aura droit de conserver le nom illustre.

– Je sais en effet qu'elle était peintre, tout comme Jean Hugo son mari, l'un des fils de Georges, petit-fils du grand « Toto » comme disait « Juju ».

Rassurée sur l'essentiel de mes connaissances, elle me raconta :

– Valentine était une grande amie de maman, avec laquelle elle avait souvent des prises de bec mémorables, qui mettaient la maison en révolution. Elle avait peint le portrait de maman assise sur son canapé avec son chat à ses côtés. Le tableau trônait là-bas en plein milieu du mur et Valentine en était très fière. Un jour, au cours d'un souper, elle a avec maman une discussion qui tourne à l'engueulade et même aux

1. Jean Hugo, fils de Georges et arrière-petit-fils de Victor Hugo, remarié, aura sept enfants, dont la dernière en 1958 prénommée Léopoldine. Il mourra en 1984 à quatre-vingt-dix ans. Valentine Hugo est morte en 1968, elle avait quatre-vingt-un ans.

insultes. « Tu n'es pas digne du portrait que j'ai fait de toi », dit soudain Valentine en empoignant un couteau à découper qui était sur la table. Elle se lève, plante le couteau sur le bord du cadre et découpe littéralement le tableau en omettant le chat… « Je te laisse ton chat, c'est tout ce que tu mérites… » Et elle est partie en emportant le morceau qu'elle venait de découper. Dès le lendemain, stoïque, maman faisait porter le restant du tableau chez un encadreur et voilà comment le chat de Valentine Hugo se retrouve ici avec une main anonyme sur le dos.

Qu'est devenu ce portrait de Colette par Valentine Hugo ? Je n'ai aucune idée sur le sujet, mais son chat est toujours présent dans ma galerie de souvenirs, un peu vague quant à sa race… Il me semble seulement qu'il avait l'œil… persan.

LE VÉRITABLE INVENTEUR DE LA CROIX-ROUGE

– Si mes ordres sont exécutés, nous coucherons ce soir à Bruxelles !

Cette phrase de Napoléon, prononcée le 18 juin 1815, au matin de la fameuse bataille de Waterloo, n'a pas été prémonitoire.

Et pour cause. Si dix explications de détail divisent les historiens sur les causes de la défaite, une seule les rassemble : le mauvais temps.

Il a plu toute la nuit et les déplacements des canons, des chevaux et des hommes vont doubler leur temps d'exécution. Et puis, Ney prendra des initiatives désastreuses. Et puis, Blücher arrivera à la place de Grouchy, et puis, et puis…

C'était le jour où l'aventure exceptionnelle de ce petit Corse, parti de rien, devait s'achever comme toujours dans le sang… 18 000 morts dont 7 000 Français.

C'est aussi ce jour-là qu'un génie humanitaire français fut sauvé grâce à sa générosité et à son altruisme admirés de tous. Cet homme est bien mal reconnu aujourd'hui, supplanté qu'il est par un Suisse qui eut l'idée de mêler la croix et le sang sur un drapeau blanc, créant près d'un siècle plus tard la Croix-Rouge : Henri Dunant.

Pourtant, quelque quatre-vingt-deux ans avant la Croix-Rouge, cet homme, alors chirurgien-major sous les ordres de Bonaparte, comprit qu'il fallait être au plus près de la bataille et même en plein cœur pour utilement porter secours aux blessés. Il inventa des « ambulances volantes » qui transportaient les blessés dans des tentes dressées à proximité des batteries de canons. Là, des chirurgiens qu'il a formés coupent tout ce qui risque pourrissement puis septicémie, principale cause de mortalité à l'époque. Il invente le brancard, constitué d'une toile « roulable » entre deux piques, sur laquelle on allonge le blessé à transporter. (Ce modèle existait encore dans l'armée française en 1940.) Partant du principe qu'un homme à terre n'a plus d'ennemi, il fait transporter dans ses hôpitaux volants tous les blessés sans tenir compte de leur uniforme. On le surnomme la « Providence du soldat », que ce soit Bonaparte ou les chefs des armées anglaise ou prussienne. En Égypte, il fait équiper les chameaux de deux brancards en osier pour transporter un blessé de chaque côté. En Espagne, pendant une épidémie de typhus, il crée un « hôpital ouvert à l'ennemi » où il accueille aussi bien les Espagnols que les Anglais.

Lors de l'atroce bataille d'Eylau, en Russie, qui fera 18 000 morts ou blessés côté français et 25 000 côté russe, il va pratiquer plus de trois cents amputations. L'Empereur, affecté par l'atrocité du carnage et l'inutilité d'un tel massacre, dira :

– Cette boucherie passerait l'envie à tous les princes de la Terre de faire la guerre !

(Que Napoléon n'eut-il la bonne idée de se considérer comme l'un de ces « princes »...)

Pendant la retraite de Russie, le grand homme dont nous parlons allait mourir de fatigue et de froid comme des milliers de soldats lorsqu'il est reconnu par un des fuyards. À son nom, les bras des « grognards » s'ouvrent, on le couvre, on le réchauffe, on le transporte à bras d'hommes, on le ramène en France où la Restauration lui accordera une amnistie bien méritée pour son action humanitaire.

Aux Cent Jours, il reprend du service avec « son Bonaparte » qu'il suit depuis près de dix-huit ans. Et nous arrivons à Waterloo, c'est la fin de la terrible bataille. Ayant établi un hôpital d'urgence près de la « ferme du Gros-Caillou », un calme relatif lui permet d'amputer et de suturer à tour de bras. Cette accalmie dans la bataille, constatée par le chirurgien et qu'il attribue au hasard, n'est pas fortuite, elle a été commandée quelques instants auparavant par le général en chef des troupes anglaises, Wellington en personne. Inspectant à la jumelle la ferme du Gros-Caillou labourée par la mitraille et les obus, son regard s'est arrêté un instant sur un groupe de soldats transportant des blessés vers une tente à l'entrée de laquelle un homme, le tablier couvert de sang, donnait des ordres.

– Quel est cet audacieux ?, a demandé Wellington à ses ordonnances.

À son nom, le général anglais a dit :

– Prévenez que l'on épargne cet endroit. Puis, se découvrant, il a ajouté : Je salue l'honneur et la loyauté qui passent.

Plus tard, lorsque la bataille tourne à la déroute des Français, le maréchal Blücher, qui arrive à cheval près de ce qui reste du Gros-Caillou, a son attention attirée par un groupe de soldats qui malmènent un officier français, couvert de sang, qu'ils vont fusiller.

– Que se passe-t-il ?

Les soldats clament qu'ils viennent de capturer Napoléon en personne et qu'ils vont venger les morts qu'il a occasionnées à travers l'Europe.

Interpellé, Blücher descend de cheval, s'approche. De fait, l'homme est vêtu du costume de la garde, culotte blanche, gilet écarlate et bottes noires comme l'Empereur. Un coup de sabre a tailladé son visage et le sang qui l'inonde dissimule ses traits.

– Se pourrait-il en effet ?

Blücher est maintenant face à face avec le prisonnier hébété… Ce n'est pas l'Empereur ! Mais ce visage lui rappelle quelqu'un d'autre qu'il a eu l'occasion de croiser voici quelques années. Des traits qui se superposent avec ceux de son fils, blessé, et cet homme qui lui prodigue des soins…

– Mais n'es-tu pas… ?

Au murmure du nom prononcé par le blessé, non seulement Blücher le fait relâcher mais, avec les plus grands égards, le fait transporter à son quartier général où il le fera soigner puis évacuer en sûreté à Louvain.

Alors, le nom de cet homme honoré par tous comme bienfaiteur de l'humanité souffrante ? Reconnu par Wellington, Blücher, dont il a sauvé le fils, et dont Napoléon dira : « C'est l'homme le plus vertueux que j'aie connu. »

Larrey. Dominique Larrey. Le premier homme qui a consacré sa science, son imagination, sa vie à sauver celle des autres et dont l'histoire n'a pas su promouvoir le souvenir à sa juste valeur.

Il méritait bien que l'on rappelle son nom.

LA BORGNESSE QUI DÉNIAISA LOUIS XIV

– Si votre Majesté veut bien me dévoiler son royal postérieur !

On peut très bien imaginer une demande aussi étonnante que motivée par les deux personnes présentes, en ce Palais du Louvre, au printemps 1654.

En l'occurrence, il s'agirait d'Anne d'Autriche, veuve de Louis XIII, et d'une de ses dames de compagnie, Catherine Bellier, épouse du baron de Beauvais. C'est elle qui est plus particulièrement chargée d'administrer les lavements, fort prisés à l'époque, à la mère du futur Louis XIV.

Cette prescription médicale on ne peut plus intime exigeait une confiance totale en la personne chargée d'introduire ce que vous savez où vous savez. Cette intimité facilite les rapports entre dames, surtout en cette période cruciale où le fils de la reine mère va entrer dans sa seizième année, âge légal pour être consacré officiellement Louis, quatorzième du nom, à Reims.

Anne d'Autriche, qui assume tant bien que mal les charges de la Régence avec l'intime (?) complicité de Mazarin, a pris tout à fait conscience de l'importance de la sexualité masculine dans l'histoire de France. Que n'a-t-elle souffert des fréquentations viriles de son mari, Louis XIII, qui préférait les beuveries des soirs de chasse aux soupers fins en sa matriarcale compagnie. Depuis deux ans, elle surveille, sans en avoir l'air, l'éveil viril de son Dieudonné de fils, et c'est précisément à la baronne de Beauvais qu'elle a demandé d'en « contrôler » les progrès…

La baronne n'est pas belle, loin de là, on la dit même franchement laide et, née Catherine Bellier, on la surnomme « Cateau la Borgnesse », ce qui sous-entend qu'en plus elle n'y voyait que d'un œil. Mais Cateau a du charme, du bagout, du tempérament et, peu farouche, on lui prête de nombreux amants. Saint-Simon, dont les *Mémoires* font autorité, dit d'elle : *Créature de beaucoup d'esprit, d'une grande intrigue, fort audacieuse, qui eut le grappin sur la reine-mère et qui était plus que galante…* L'Histoire retient qu'elle reçut « un château et une pension de deux mille livres en récompense de ses services rendus ENTRE LES QUATORZE ET SEIZE ANS DU JEUNE ROI… »

Cela voudrait-il dire que, dès l'âge où « s'amuser tout seul ne suffit plus » comme disait Brassens, contrairement à son père (Louis XIII) qui fut initié dès son âge de onze ans par le duc de Luynes, Catherine était déjà intervenue dans l'intimité du futur Roi-Soleil ? De quelle façon ? L'histoire n'en dit rien si ce n'est qu'à l'âge de seize ans, *alors que Louis allait seul dans un des couloirs du Grand Louvre, la Dame Beauvais l'invita à s'isoler en sa compagnie dans une pièce… Lorsqu'il sortit, le petit-fils aîné d'Henri IV était devenu un homme.*

Ce « dépucelage » ravit la reine mère, apporta une certaine considération à la cour pour la baronne et fit sa fortune.

Le Roi-Soleil ne commentera pas, à notre connaissance, ce premier rapport avec une borgnesse de quelque vingt-quatre ans son aînée. Très vite, de plus jeunes et moins – disons expérimentées – aimables personnes du beau sexe pimenteront la vie sexuelle du monarque.

Cateau la Borgnesse profitera largement de sa renommée en se faisant construire (68, rue François-Miron), derrière l'Hôtel de Ville de Paris, un hôtel particulier dont on peut encore constater l'élégance de la cour. C'est au balcon de cet hôtel particulier que prirent place la reine mère et tout le gratin de la cour, dont Turenne, lors du retour en fanfare du roi à Paris en août 1660. Il était allé chercher son épouse Marie-Thérèse à la porte de l'Espagne. Le cortège s'arrêta au pied du balcon et Louis salua sa mère avec élégance. Eut-il un regard pour Cateau la Borgnesse qui faisait un « créneau » derrière Anne d'Autriche ? Personne ne le saura jamais.

Lorsque la reine mère mourut quelques années plus tard, ce sera dans les bras de la fille de Cateau, qui avait repris auprès d'Anne d'Autriche la place qu'occupait naguère sa mère.

Mais le baron et la baronne de Beauvais dépensaient sans compter. En d'autres termes, ils vivaient au-dessus de leurs moyens et, en 1674, à la mort de son mari, Cateau était ruinée. Dans l'obligation de vendre ses biens, elle loua un petit logement dans son hôtel de Beauvais, où elle mourut laide et toujours lubrique, payant ses amants avec les derniers écus qui lui restaient.

Dans la cour de son hôtel de la rue François-Miron, on peut toujours voir des mascarons représentant des béliers avec des B entrelacés (Beauvais et Bellier, son nom de jeune fille). Ces béliers alternent avec des têtes de lions... sans doute le symbole du jeune lion qu'elle avait déniaisé un jour qu'il « *allait seul dans un couloir du Grand Louvre* ».

ET SI LA VICTOIRE DE VALMY AVAIT ÉTÉ ACHETÉE ?

À quelques mètres du moulin de Valmy, un boulet prussien vient de tuer net le cheval du général Kellermann, l'entraînant dans sa chute. Se relevant en essuyant la boue qui macule son visage, le chef refuse l'assistance que veut lui apporter son aide de camp.

– Une autre monture, vite !

Et pour prouver à ses soldats qu'il garde intacte toute son énergie, Kellermann secoue son chapeau à plumet tricolore, dégoulinant de pluie, le place à la pointe de son sabre qu'il a tiré au clair, le brandit à bout de bras.

– Vive la Nation !

Avec un ensemble parfait, les soldats témoins de ce geste de bravoure juchent leur bonnet à la pointe de leur baïonnette au canon et hurlent en écho :

– Vive la Nation ! Vive la Nation !

Enfourchant alors le nouveau cheval qu'on lui apporte, Kellermann caracole sur le front de ses hommes en rééditant son exclamation reprise à l'unisson.

– Vive la Nation !

En ce même moment, du bas de cette colline, au sommet de laquelle les ailes du moulin crucifient le ciel, l'armée prussienne, qui allait monter à l'assaut, s'est figée, arme au poing. Là-haut, cette masse humaine brandissant ses armes en hurlant semble les pétrifier. Déjà que, contrairement à ce que leurs chefs avaient annoncé – « Nous allons être reçus en libérateurs par les Français » –, ils ont subi au contraire les attaques mortelles de partisans révolutionnaires. Alors là, cette horde de sauvages vêtus de bric et de broc, qui les défient, gesticulant et hurlant :

– Montez-y si vous avez le courage !

Et les voilà qui chantent, entonnant à pleins poumons *La Marseillaise*... Pour les vieux soldats de métier que sont ces Autrichiens, rompus à des règles de guerre bien établies, il y a de quoi surprendre. D'autant plus que l'ordre imminent de monter à l'assaut que doit donner leur chef, le maréchal Brunswick, se fait trop attendre. L'enthousiasme nécessaire à toute attaque risque de s'écrouler comme un château de cartes.

– Qu'est-ce qu'on attend ? Qu'est-ce qu'on fait ?

Et l'ordre arrive, inattendu, inouï, incroyable, mais confirmé par la sonnerie des trompettes.

– Demi-tour ! Formation de repli ! Demi-tour, en avant, marche !

De mémoire de soldat, on n'avait jamais vu ça !

Du côté français, 47 000 hommes, mi-volontaires mi-armée de métier, mal équipés, mal entraînés, mal aguerris. Face à eux, 70 000 Prussiens, soldats de métier, rompus au combat, commandés par le maréchal Brunswick qui se voulait « le meilleur stratège de son temps ». L'exemple même du parfait chef de guerre...

Et ces soldats de l'Europe des rois, entrés en France fin août pour libérer Louis XVI des griffes de ces factieux qui le gardent en otage à Paris depuis sa fuite avortée à Varennes, faisaient demi-tour... sans livrer bataille. Invraisemblable ! C'était une ruse de guerre, un coup fourré à la Brunswick.

Bien sûr, depuis le matin, il y avait eu un échange de tir d'artillerie. Quatre heures de « canonnade ». Vingt mille boulets échangés, un peu à l'aveuglette, qui ont fait 300 morts côté français et 184 côté prussien. Mais au moment de la vraie bataille, de l'affrontement décisif qui, à presque deux contre un et, de plus, pro contre amateurs, ne laissait aucun doute sur l'issue du combat, les futurs vainqueurs se défilaient !

D'abord surpris, inquiets, puis rassurés par l'éloignement puis la disparition des Prussiens, les « citoyens-soldats » crient victoire. C'est la première victoire du peuple souverain pour sa liberté et non pour son roi.

– Vive la nation, oui, vive la nation !

C'est ainsi que s'achève la bataille de Valmy que les historiens rebaptiseront « canonnade », ne pouvant employer d'autre appellation pour cet affrontement avorté…

Avorté, POURQUOI ?

Les raisons de « crainte », « d'appréhension », de « lassitude » n'étant pas suffisamment convaincantes, à force de chercher d'autres solutions, certains historiens ont trouvé une hypothèse plausible.

ET SI BRUNSWICK AVAIT ÉTÉ CONVAINCU, VOIRE ACHETÉ ?

Trois jours avant la fameuse « canonnade » du 20 septembre, dans la nuit du 16 au 17, une patrouille de la garde surprend des voleurs qui, ayant dressé une échelle contre le garde-meuble de l'Hôtel Gabriel, place de la Concorde, pillent les « bijoux de la couronne ». Arrestations, interrogatoires, scandale. Le « diamant bleu », le « Régent » et le « Sancy » (que Marie-Antoinette avait emporté dans sa fuite à Varennes) ont disparu avec des centaines d'autres bijoux précieux. (On n'en récupérera que la moitié.)

Tout de suite, des invraisemblances et des bizarreries laissent supposer que « le coup » vient de beaucoup « plus haut » qu'on ne veut le laisser croire.

Une certaine duchesse de Fleury écrit qu'un député a été envoyé par Danton auprès de Brunswick pour le « convaincre » que son invasion n'aboutira qu'à l'exécution pure et simple du roi et de sa famille. Solution que lui, Danton, réprouve. Afin de prouver sa bonne foi et implorer la haute compréhension du maréchal, il lui offre un assortiment de diamants dont on sait que l'illustre soldat autrichien est grand amateur.

Cette démarche de Danton, avec l'accord de Roland et de Billaud-Varenne, serait bien dans les idées de cette « grande gueule » de la Révolution, jouisseur épicurien au langage imagé, qui finit sur la guillotine à l'âge de trente-quatre ans, disant au bourreau Sanson en montant les marches de la « veuve » :

– Tu montreras ma tête au peuple, elle en vaut la peine.

Personne ne pourra sans doute jamais infirmer ou confirmer cette hypothèse, les archives du « vol des bijoux de la couronne », trois jours avant la « canonnade » de Valmy, ayant brûlé dans l'incendie de l'Hôtel de Ville sous la Commune, en 1871.

Danton ! Personnage extraordinaire tout à fait capable d'avoir imaginé un tel scénario. Dans la charrette qui l'emmène à l'échafaud, en compagnie de Fabre d'Églantine, celui-ci se lamente :

– Ah ! Je meurs sans avoir terminé *L'Orange de Malte*, ma pièce en vers.

– Des vers ! s'écrie Danton, avant huit jours tu en auras fait des milliers !

Valmy, un « coup mouliné » par le grand tribun ? Est-ce « audacieux » de le penser ?

FRANÇOIS Ier FAUX-MONNAYEUR

Prisonnier « for l'honneur » à Pavie, François Ier, le roi-chevalier, resta dans les griffes de Charles Quint en Espagne pendant un an.

Libéré en échange de ses deux fils, lesquels servirent de caution pour une rançon de plus d'un million d'écus d'or, il tardait à payer. Ce que l'on prit pour de l'indifférence, voire de la cruauté, vis-à-vis de ses fils n'était en fait qu'un artifice permettant au Trésor royal de fabriquer des écus pesant presque moitié moins que leur poids initial…

La ruse réussit, l'échange se fit et, pendant des lustres, les gens fortunés ne « commercèrent » pas sans leur « pesette », qui leur permettait de refuser ces « demi-écus » émis par un État devenu, par souci d'économie, faux-monnayeur.

L'ÉTAT, C'EST MOI !

Lorsqu'on annonce au jeune Louis XIV la mort de Mazarin, le roi a cette phrase ambiguë :

– S'il n'était mort, je n'aurais vraiment pas su comment faire !

Ce jour même, lors du conseil ordinaire au cours duquel les hauts fonctionnaires prenaient les ordres du cardinal défunt, l'un d'eux, espérant sans doute une promotion, s'adresse au roi :

– Sire, à qui désormais devons-nous mander nos instructions ?

Sans l'ombre d'une hésitation, Louis XIV répond :

– À moi !

Pour l'histoire, cela deviendra « L'État, c'est moi. »

LA PALICE, VICTIME DE SA VAILLANCE

Capitaine de François Ier, d'une grande valeur morale et physique, Monsieur de La Palice participe, devant Pavie, face aux Espagnols (et non pas aux Italiens !) à la célèbre piquette des armées françaises. À l'issue de la bataille, si le roi barbu fait prisonnier a « tout perdu for l'honneur », ce pauvre La Palice fait partie des douze mille victimes du combat.

Pour célébrer cette vaillance qui a fait l'admiration de tous et perpétuer son souvenir, un de ses adjoints compose une chanson voulant dire que, jusqu'au bout de ses forces, il s'est battu comme un vrai lion, ce qui, pour rimer avec Pavie, donnera :

Monsieur de la Palice est mort
Mort devant Pavie
Un quart d'heure avant sa mort
Il était encore en vie.

Las ! La naïveté, pour ne pas dire la sottise, du propos est telle que, brocardée au fil des âges, elle devient une « lapalissade », attribuant au sujet honoré la puérilité de la chanson.

Pauvre M. de la Palice, affublé d'un ridicule totalement immérité !

ISADORA, VICTIME DEUX FOIS DE L'AUTOMOBILE

– Hé chauffard ! Tu vois pas clair ?

Sans se soucier des dégâts qu'il aurait pu occasionner, l'interpellé poursuit sa route sans demander son reste.

Nous sommes en avril 1913 et les voitures automobiles, aussi rares que redoutées, sont l'objet de multiples accidents sur les voies pavées conçues pour la circulation hippomobile.

En l'occurrence, le chauffeur d'une « voiture de place », qui roulait boulevard Bourdon à Paris, le long du canal Saint-Martin, vient d'être obligé de monter précipitamment sur le bas-côté de la chaussée pour éviter un chauffard fonçant face à lui.

– Vous avez vu ça ? Et il m'a fait caler, l'imbécile !

À l'arrière de la voiture, la nurse et les deux enfants qu'elle accompagne faire une excursion en banlieue n'en peuvent mais. Maugréant contre le « saligaud » qui l'oblige à quitter le volant pour aller tourner la manivelle, le chauffeur en oublie la règle la plus élémentaire de sécurité : TIRER LE FREIN À MAIN…

Et c'est l'inéluctable : la voiture se met à reculer, le chauffeur tente en vain de la retenir, il court à ses côtés pour agripper le frein… Trop tard ! Dans une gerbe d'écume, le lourd véhicule, portière béante, a basculé dans le canal et coulé aussitôt. Malgré les cris des passants et la tentative d'un quidam qui se jette courageusement à l'eau, en même pas une minute, le drame est consommé. Lorsque les pompiers interviennent quelques instants plus tard, malgré tous les efforts de réanimation prodigués, la nurse et les deux enfants sont morts. La nouvelle se répand très vite dans Paris. Les petites victimes sont Deirdre et Patrick, sept et trois ans, les deux fils d'Isadora Duncan, la célèbre danseuse.

Née à San Francisco et venue faire carrière en Europe, Isadora, trente-six ans, supportera le deuil qui la frappe de plein fouet avec une grande dignité.

Seul son art va l'aider à surmonter son chagrin. N'est-elle pas parvenue à révolutionner la pratique de la danse, en imposant un retour à l'expression antique, sorte de strip-tease aérien, nue sous des voiles translucides ? C'est elle qui a redonné sa place au culte exclusif de la beauté du corps. S'inspirant de la mythologie grecque, elle est devenue très vite un personnage sollicité par de nombreux artistes. Qu'ils soient photographes, peintres, poètes, et même sculpteurs, l'élite parisienne s'est adressée à elle. C'est ainsi que Rodin, le grand Rodin, qui a soixante ans à l'époque et elle vingt-deux, vient la visiter dans sa salle de répétition. Dans ses *Mémoires*, elle décrira la scène, peu banale, jugez-en :

Il se mit à me pétrir le corps comme une terre glaise, tandis que s'échappait de lui un souffle qui me brûlait... Tout mon désir était de lui abandonner mon corps tout entier, et je l'aurais fait si l'éducation absurde que j'avais reçue ne m'avait fait reculer, prise d'effroi, et le renvoyer plein d'étonnement... Quel dommage ! Combien de fois ai-je regretté cette incompréhension puérile qui m'ôta la joie divine d'offrir ma virginité au Grand Dieu Pan ?...

Quelle délicatesse dans ce récit qui nous prouve deux choses : premièrement qu'elle était encore vierge à vingt-deux ans et que le grand faune Rodin, à soixante ans, possédait encore de bons freins (que tous les hommes « haut placés » ne maîtrisent pas toujours !)...

Pour donner une autre idée de la célébrité d'Isadora Duncan en 1913, l'année du drame de ses fils, au-dessus de l'entrée du théâtre des Champs-Élysées, style Art Déco, avenue Montaigne, on peut toujours admirer son portrait gravé par Bourdelle, tandis que dans le hall, elle figure parmi les neuf Muses.

Ayant parcouru le monde dans tous les sens, avec le même sens de l'éclectisme dans les sentiments (n'a-t-elle pas eu des rapports privilégiés avec La Duse, célèbre rivale de Sarah Bernhardt et lesbienne réputée ?)

Isadora créa des cours de danse un peu partout dans le monde, même à Moscou la Rouge, aux débuts du bolchevisme.

Et c'est à Nice en septembre 1927 que, toujours en pleine gloire malgré les printemps qui passent, elle se balade avec des amis lorsqu'ils tombent en admiration devant une voiture qui stationne là, promenade des Anglais.

C'est une Amilcar, type GS1924, grand sport[2]. Le groupe s'arrête, commente, apprécie, et le propriétaire arrive. C'est un certain Benoît Falchetto qui possède un garage non loin de là.

Voyant en Isadora une acheteuse éventuelle, il se présente, engage la conversation, vante les mérites du modèle créé par Messieurs Lamy et Akar (d'où Amilcar).

– Vous voulez l'essayer ?

– Heu…

– Je vous enlève cinq minutes à vos amis, pas plus.

La danseuse est en robe légère avec juste un grand foulard de soie autour du cou.

– Ma tenue est peut-être…

Prestement, Falchetto enlève sa veste de cuir.

– Qu'à cela ne tienne, si vous permettez !

– Non merci…

– Alors ? insiste le garagiste, tout sourire commercial dehors, en ouvrant grand la portière.

Impossible de refuser. Isadora dispose son écharpe avec grâce dans son dos, prend place et lance, théâtrale :

– Adieu mes amis, je pars pour la gloire !

Dans un vrombissement de tonnerre, le bolide démarre « sur les chapeaux de roues »… C'est là précisément qu'intervient son destin. La voiture n'a pas fait dix mètres que l'écharpe, flottant artistiquement

2. Certaines versions disent qu'il s'agissait d'une Bugatti. Je n'ai pu trancher la querelle, n'étant pas là à l'époque… à un an près.

le long de la carrosserie, se prend dans le chapeau à rayons de la roue arrière. Pas un cri, rien, le temps de réaliser ce qui arrive à sa passagère, de s'arrêter, desserrer l'étreinte, Isadora Duncan est morte étranglée.

Incinéré, le corps de celle qui avait connu son plus grand chagrin par l'automobile et était morte par l'automobile, repose au cimetière du Père-Lachaise en compagnie de ses deux enfants. Elle venait d'avoir cinquante ans et, comme elle l'avait prédit, elle était « partie pour la gloire »... éternelle.

C'EST PARCE QU'EUGÉNIE A DIT « NON » QU'IL A DIT « OUI »

– Qu'est-ce que c'est ?

Réveillée brusquement dans son sommeil par un rai de lumière filtrant par l'entrebâillement de sa porte, la jeune fille se dresse sur son séant, la voix à peine voilée d'angoisse :

– Qui est là ?

De l'ombre surgit une silhouette qui s'avance dans la lueur bleutée de la veilleuse de nuit.

– Ce n'est que moi, mon amie.

Avec un sang-froid admirable, la jeune personne remonte vivement son drap sur sa gorge, grâcieusement dessinée sous le linon de sa chemise de nuit, et enchaîne :

– J'avais cru venir dormir dans la demeure d'un gentleman…

Et comme l'homme a marqué un temps d'arrêt, la jeune fille tend la main vers la table de nuit où, parmi les accessoires, se trouve la traditionnelle sonnette, elle ajoute dans un grand sourire :

– Mon instinct m'aurait-il trompée ?

Que faire dans ces cas-là, surtout quand on est devenu, depuis un an, empereur des Français, plébiscité par tout un peuple qui croit en votre loyauté pour restaurer la liberté, l'égalité et la fraternité bien galvaudées depuis près de quarante ans ?

– Je voulais…

– … vous assurer que je ne manquais de rien, coupe la jeune personne, voilà qui est fait. Excellente nuit à vous aussi…

C'est en quelque sorte une scène du même genre qui eut lieu en cette fin 1852, au château de Compiègne, où la cour de Napoléon III séjournait depuis quelques jours afin d'y fêter le premier anniversaire du « Coup d'État ». Mademoiselle Eugénie de Montijo avait piqué la « curiosité » du nouvel empereur français. Sa jeunesse, sa beauté et surtout sa résistance à la pression que l'ex-président, amateur du beau sexe, exerçait sur toutes les femmes, avaient aguiché ses viriles intentions. Jusque-là, l'homme aux moustaches en pointes séduisait les femmes « avec qui on couche mais qu'on n'épouse pas » (*sic*).

En réalité, dans l'esprit du nouvel empereur, célibataire à quarante-six ans, l'idée était d'épouser une princesse européenne pour assurer sa dynastie, comme l'avait fait Tonton Napo. Seulement voilà, les cours d'Europe, échaudées par l'odyssée de l'oncle, boudaient le neveu.

L'Angleterre faisait semblant de réfléchir, l'Autriche et la Prusse n'avaient même pas répondu après que le nouvel empereur leur avait envoyé du « mon confrère » (formule officielle) ; quant au tsar de toutes les Russies, il avait titré sa lettre de réponse « mon ami »… nuance péjorative pour le nouvel occupant du trône de France laissé vacant par les rois en exil.

Ces contrariétés dynastiques n'empêchèrent pas « Badinguet » de poursuivre sa cour à l'arraché auprès de la toute belle et distinguée Eugénie de Montijo, laquelle, flanquée de « madame mère », avait la réputation d'accepter les hommages masculins tout en gardant ses distances « pour le mariage ».

Alors, sans trop s'en rendre compte, Louis Napoléon, piqué au jeu du « chat et de la souris », devenait de plus en plus épris.

Il faut dire qu'Eugénie était toute grâce et beauté : *Un teint clair, des yeux bleus d'une douceur infinie ombragés de longs cils, des cheveux châtain doré, un nez un peu long mais d'un modèle exquis surmontant une jolie petite bouche qui, en souriant, découvrait une rangée de perles.*

L'empereur avait la réputation d'un coureur de jupons et les « Montijo » le savaient. Seulement Maman, loin d'être sotte, avait prévenu sa fille en espagnol !

– Si tu cèdes, tu ne seras qu'un numéro sur une liste, si tu résistes, tu peux devenir impératrice… et *olé* au lit (totalement apocryphe).

Comme elle avait bien vu les choses, la mère Montijo. Une vraie « fine gaule à la mouche » dans un torrent. Habituée à sauter sur tout ce qui passe à portée de bouche, la truite se fait un point d'honneur à saisir cette proie funambule qui déroute sa tactique de prédateur patenté. D'autant plus rageant que ladite proie a saisi toute la subtilité du jeu.

Passe-t-il un jour sous la fenêtre de la chambre d'Eugénie alors qu'elle prend le frais du soir ?

– Quel est le plus court chemin pour rejoindre votre chambre ?, demande-t-il d'un ton enjoué, l'œil de velours.

La réplique tombe directe, sans bavure :

– Par la chapelle !

Ferré, mais pas encore convaincu, Louis-Napoléon va jouer les grands seigneurs. Rentre-t-elle d'une promenade sur un cheval qu'elle a trouvé « fort élégant » ? Il lui en fait cadeau sur-le-champ.

S'extasie-t-elle sur une feuille de trèfle « étincelante de gouttes de rosée » ? Aussitôt, l'empereur envoie un intendant à Paris chez un grand bijoutier acheter un trèfle d'émeraudes incrusté de diamants.

Joue-t-elle aux cartes avec lui, peu experte ? Elle lui montre son jeu.

– Je passerais, lui conseille-t-il. Enfin, c'est ce que je ferais.

– Eh bien, pas moi, répond-elle. Je veux tout ou rien. C'est comme ça !

Et le troisième Napoléon se fait petit à petit à l'idée d'épouser l'Espagnole pour aboutir à ses fins. Son entourage s'insurge bien sûr.

– C'est bien la peine d'avoir risqué un coup d'État pour vous voir épouser une lorette !

Cette résistance, plus celle des grands de l'Europe, ne font que renforcer la volonté d'un homme qui a forcé le destin en se faisant empereur.

Alors, l'Espagnole va jouer la « grande scène du IV » avec un talent consommé. Grande réception aux Tuileries restaurées à neuf. Suivie de sa mère, la Montijo fait son entrée, pâle, préoccupée. Le premier quadrille est ouvert par l'empereur et l'ambassadrice d'Angleterre. Pour le second, on vient prier Mlle Montijo. Arrivée près de Louis-Napoléon tandis que l'orchestre attaque le nouveau quadrille, elle lui susurre :

– Je voudrais vous parler seul à seul.

– Venez demain.

– Non ce sera trop tard. Je suis venue vous dire adieu…

L'empereur s'attendait à tout sauf à ça. Il pâlit sous sa moustache et, bousculant tout le protocole, entraîne Eugénie dans un salon voisin.

Et là, tout y passe : … Vous ne tenez pas à moi. … J'avais cru à vos promesses. … Je ne veux pas être une gêne à votre destin. … Adieu, je ne vous reverrai plus jamais.

Éperdu, l'empereur est devenu un petit garçon à qui on va retirer le jouet auquel il attache tant d'importance, depuis tant de temps.

– Vous ne pouvez pas partir.

– Je ne puis rester qu'à une condition que vous connaissez bien…

Et là, en dix minutes, elle va tout régler. Il lui confirme sa demande en mariage. Elle l'exige de suite par écrit. Il la rédige et la lui tend. Elle refuse et demande qu'il la fasse porter le lendemain matin officiellement à sa mère.

Alors, elle revient au bal au bras de l'empereur avec un sourire qui en dit long sur sa victoire finale. Elle était sortie princesse espagnole déçue, elle rentre impératrice triomphante. Les invités ne sont pas dupes. Miss Howard, qui fut longtemps l'égérie et la maîtresse de Louis-Napoléon, avait prédit :

– Si la blonde infante ne lui cède pas, il l'épousera…

Elle avait dit non et tiendra parole jusqu'après le mariage religieux, non pas dans « une chapelle », mais dans Notre-Dame de Paris.

Un non pour un oui bien mérité… *Olé*! Au lit !

LE ROI BOIT… VIVE LE ROI !

– Ouvrez-leur !

– Mais…

D'un signe de tête, le roi fait signe qu'il est prêt à affronter la populace qui tente de défoncer les portes depuis quelques instants.

Nous sommes le 20 juin 1792 aux Tuileries où, depuis un an, la famille royale est tenue à résidence. C'est à la suite de la pénible fuite vers l'étranger stoppée à Varennes que la famille royale a été placée sous surveillance à Paris.

Depuis, si la Révolution a respecté, moins que plus, la personne du roi, son droit de veto, utilisé la veille à l'encontre des républicains purs et durs, a mis le feu aux poudres.

Santerre, dit le « gros père », brasseur influent et prospère du faubourg Saint-Antoine, ennemi farouche de La Fayette, a fait monter à coups de bière le « peuple » à l'assaut des Tuileries. Armés de piques, de bâtons, de haches, de broches à rôtir, de couteaux de cuisine, de marteaux, de masses et même d'un canon sur roues, une foule hurlante, aux cris de « À bas le veto », est parvenue jusqu'aux portes des Tuileries. Là, sur les adjonctions de Santerre, elle n'a pas hésité à pénétrer et à monter le grand escalier au sommet duquel, réfugié dans la salle dite de « l'œil de bœuf », le roi les attend.

Sur un geste de leur chef, les quelques gardes grenadiers présents autour de Louis XVI remettent sabre au fourreau et fusil à terre.

– N'ayez pas peur, Sire !

Louis XVI prend la main du chef et la pose sur sa poitrine :

– Mon cœur reste calme et pur, je n'ai pas peur, voyez par vous-même.

Déjà, les panneaux bas de la porte volent en éclats lorsque celle-ci est déverrouillée. La foule déboule et s'arrête net à la vue du roi.

Le chef des grenadiers fait deux pas en avant :

– Citoyens, respectez votre roi. Nous sommes prêts à mourir plutôt que de souffrir la moindre agression.

La populace marque le pas devant l'attitude digne et réservée de Louis XVI. Elle semble pétrifiée. Derrière, les cris reprennent de plus belle :

– Pas de veto, pas de curé, rappel des ministres patriotes.

Le boucher Legendre, reconnaissable avec son tablier taché de sang, se fraie un chemin et se plante devant le roi.

– Monsieur…

Malgré lui, Louis a un sursaut : « Monsieur » ! Des grenadiers s'interposent fusils croisés. On fait monter le roi sur une banquette contre le mur. Legendre, visiblement entre deux pintes, reprend, la bouche pâteuse :

– Monsieur, vous êtes fait pour nous écouter, écoutez-nous…

– Mais je vous écoute, dit le roi.

– Vous nous avez toujours trompés, mais prenez garde à vous, le peuple en a assez d'être votre jouet.

– Je ferai ce que la Constitution me commande de faire, se contente de répondre le roi sans apparente émotion.

La chose en serait restée là, peut-être que l'image d'un roi constitutionnel fort du respect des lois issues des délégués du peuple aurait pu arranger la suite des choses… (Nous aurions aujourd'hui la visite d'Élisabeth II chez Louis XXI !…)

Malheureusement, cette image sereine, faite de bon sens et d'autorité héritée de siècles de monarchie, va basculer dans le grotesque et le ridicule, provoqués sans aucun doute par la peur. Il faut avouer que ce face-à-face avec cette horde hostile et gesticulante, contenue à grand-peine par une poignée de soldats, n'avait rien de rassurant.

Un individu sort du rang, portant au bout d'un bâton un bonnet rouge, et le tend en direction du roi. Le boucher Legendre le prend et l'offre à Louis.

– Tenez !…

C'est là que tout se joue en une poignée de secondes : que faire ? Faire semblant de ne rien voir ? Refuser avec humour : « Merci, ça va écraser les boucles de ma perruque ! » ? Le prendre et le garder à la main : « Merci, je le mettrai dans ma collection de couvre-chefs ! » ? On décrit aujourd'hui Louis XVI comme un honnête homme, mû par de bonnes intentions, mais n'étant pas à la hauteur de la tâche que représentait une profonde réforme de la monarchie. À cette date, il a la secrète espérance de tenir, bon gré mal gré, sa place avant d'être délivré par l'Europe monarchique qui se prépare à envahir la France révolutionnaire, sous le commandement du duc de Brunswick. Et puis, il pense sans doute à sa femme et à ses enfants qui attendent tout à côté de la salle du Conseil.

Alors, il fait la seule chose qu'il ne fallait pas faire, sous peine de perdre face, il prend le bonnet rouge, symbole des esclaves romains affranchis, et tant bien que mal l'ajuste sur sa perruque.

– Vive la Nation !

Un hurlement de joie salue ce geste de soumission aux yeux de la populace. Quelques « Vive le roi ! » ont du mal à percer dans le tumulte qui suit. À partir de là, tout devient possible. La preuve, comme la moiteur de la pièce devient insupportable avec la présence de tout ce monde, de grosses gouttes de sueur ruissellent sur le visage royal. Un grenadier, un verre et une bouteille à la main, s'avance :

– Si j'osais, Sire, vous offrir… Il fait bien soif. Ne craignez rien, je boirai le premier si vous le permettez.

L'offre est sincère, mais si peu protocolaire pour un descendant de Louis XIV.

– Oui mon ami, je veux bien, dit Louis en prenant le verre qu'il lève. Je bois à la santé du peuple de Paris et à la Nation française.

Tandis qu'il se désaltère, des cris rigolards s'élèvent. On bat des pognes.

– Le roi boit ! Le roi boit…

De longues minutes s'écoulent. Arrive Pétion, le maire de Paris, il feint de n'avoir appris la nouvelle que quelques instants auparavant.

Coiffé de son bonnet rouge de forçat, le roi, qui n'en croit pas un mot, réplique :

– C'est bien étonnant, voilà deux heures que cela dure.

D'autres responsables arrivent à leur tour, on harangue le peuple qui a même réussi à hisser le canon sur roues jusqu'au premier étage…

Pétion calme le jeu des plus excités :

– Vous avez agi avec la fierté et la dignité des hommes libres. Maintenant, que chacun se retire !

Le roi, exténué, rejoint sa famille dans la salle du Conseil. Santerre le suit et ouvre toutes grandes les portes communicantes.

– Faites place, que le peuple entre et voie la reine…

Debout, drapée dans sa dignité, l'Autrichienne, qui a assis le dauphin sur la table derrière laquelle elle se tient, va devoir assister à un long défilé de la populace ricanante, voire hostile.

– Voyez la reine et le prince royal, lance Santerre comme s'il s'agissait d'une curiosité exhibée sur un champ de foire.

Le spectacle est odieux, mais Madame Veto reste de marbre.

– Ah ! Madame, vous avez des amis bien maladroits, murmure le « gros père » du faubourg Saint-Antoine à l'oreille de Marie-Antoinette, et il ajoute cette phrase on ne peut plus ambiguë : D'autres vous serviraient mieux…

Que voulait dire Santerre ? Nul ne le saura sans doute jamais. L'histoire gardera de cette soirée l'image de Capet « coiffé du bonnet phrygien buvant un coup » à la santé de la Nation.

Il est dix heures du soir lorsque les derniers envahisseurs quittent le palais des Tuileries. La famille royale, enfin seule, se laisse aller à ses larmes. Se voyant encore coiffé du bonnet rouge, Louis XVI l'arrache et le piétine de rage. Marie-Antoinette regarde son mari, impassible. Que pense-t-elle de lui ? Qui pourrait l'imaginer ?

Nous sommes le 20 juin 1792, voilà un an, jour pour jour, la fuite à Varennes mettait un terme provisoire à leurs projets de liberté. Dans trois mois, jour pour jour, le 20 septembre, Valmy mettra un terme définitif à leur espoir de libération.

En ce même jour, quelques heures plus tôt, près du quai de Seine, deux jeunes officiers de l'École militaire regardaient avec mépris cette horde populacière envahir le palais des rois. L'un des deux, pâle, au visage anguleux, dit à son compagnon :

– Les misérables ! Il suffirait de mitrailler les cinq cents premiers pour que le reste prenne la fuite.

C'est ce qu'il fera devant l'église Saint-Roch, trois ans plus tard, se contentant de trois cents morts… Vous l'aviez reconnu ? Le jeune officier en question : Napoléon Bonaparte.

JEANNE D'ARC ET BARBE BLEUE, L'ANGE ET LE DÉMON

Pour ce 8 septembre 1429, *La Chronique de la Pucelle* écrit :

A doncques Jehanne la Pucelle
Se mist dans l'arrière-fossé,
Où fit de besogner merveille
D'un courage en ardeur dressé.
Un vireton que l'on tira
La vint en la jambe asséner,
Et si point ne désempara
Ne s'en voult oncques tourner.

Traduisons. Après ses victoires contre les Anglais et le sacre de Charles VII à Reims, la Pucelle, comme l'appellent respectueusement ses compagnons d'armes (et pas des tendres !), s'en vient faire le siège de Paris. Ayant massé ses troupes (douze mille hommes, cinquante canons couleuvrines, six cents échelles, etc.) derrière et dessus la butte Saint-Roch (qu'Haussmann fera araser pour faire l'avenue de l'Opéra), Jehanne, qui est vêtue de son armure, vient en avant-garde, avec Gilles de Rais et ses lieutenants, inspecter les lieux avant de donner l'assaut. La porte Saint-Honoré, qui se trouvait environ à l'emplacement de l'actuelle Comédie française, était défendue hors murailles par un double fossé de cinq mètres de large rempli d'eau. Afin d'en mesurer la profondeur, pour y entasser des fagots lestés de pierres afin d'y créer un passage, la Pucelle demande à un des soldats sa lance. Elle s'approche du fossé, plonge la lance dans l'eau, apprécie la profondeur, puis s'en retourne. C'est là qu'un « vireton », tiré du haut des remparts par un arbalétrier, l'atteint à la jointure arrière du genou.

Le « vireton », comme son nom l'indique, était une flèche à laquelle des plumes, incrustées en biais, imprimaient un mouvement de rotation. Comme, de plus, sa pointe était de forme pyramidale, sa force de pénétration était redoutable.

Jeanne chancelle, ses hommes se précipitent pour la soutenir et l'entraînent hors de portée des tirs ennemis. Le plus empressé à ses soins est Gilles de Rais, lequel, à l'époque, est considéré comme un habile capitaine. Il a reconnu en Jehanne la Pucelle son chef de guerre et, bien qu'il ait huit ans de plus qu'elle, il est l'un de ses plus fidèles compagnons d'armes.

Pourtant, Jeanne, la Pucelle de Domrémy, n'a que dix-neuf ans, c'est une simple fille de paysans qui gardait les bêtes aux champs lorsqu'elle entendit ses « fameuses » voix : « Le royaume de France est en grand danger. Prends une épée et va… »

Il faut dire qu'à l'époque, au sortir de la fameuse guerre de Cent ans, qui oppose les Bourguignons, alliés aux Anglais, et les Armagnacs, fidèles au petit roi de Bourges Charles VII, la France est sens dessus dessous. On ne sait plus où on en est. Personne ne croit guère au royaume des Francs, pas même le Dauphin lui-même, qui moisit entre quatre murs dans ses châteaux de Chinon ou Bourges.

C'est alors que Jehanne se dresse, ardente, fière, invincible. Poussée par ses voix intérieures (elle n'a jamais varié d'un iota), impétueuse, elle franchit tous les obstacles, obtient une petite troupe, puis un bataillon, puis une armée entière. Elle impose un changement de mœurs dans l'armée. Plus de ribaudes auprès des troupes, plus de sacs ou pillages des villes. Une discipline stricte est de rigueur. Ayant fait constater officiellement par les matrones de Poitiers son état de « pucelle », elle devient l'image de la *superwoman* qui partage sa vie et les combats de ces reîtres rompus à la rude vie des combattants de cette époque barbare.

Et tout ça à dix-neuf ans… Car elle a entendu ses voix voici trois ans déjà.

Son procès, après sa capture, à Rouen, dont on a conservé trois manuscrits, la révèle «*claire et nette*» dans ses propos. Jamais elle ne se coupera ou se contredira. Sainte Catherine et sainte-Marguerite, en compagnie de l'archange saint Michel, lui ont demandé de libérer le royaume de France, c'est ce qu'elle s'emploie à faire.

– Saint-Michel était-il nu ?, lui demande insidieusement un inquisiteur.

– Pensez-vous que Dieu n'ait pas de quoi le vêtir ?, répond-elle du tac au tac.

– Avait-il des cheveux ?

– Pourquoi les aurait-il coupés ?

Plus tard, un juge lui demande si Dieu a de la haine pour les «Anglois».

– Sur l'amour et la haine que Dieu porte aux Anglois je n'en sais rien, mais je suis convaincue qu'ils seront boutés hors de France, excepté ceux qui mourront sur cette terre…

Toutes ses réparties seront aussi claires et pleines de bon sens. Il faudra la «*trouble histoire*» des vêtements d'homme qu'elle avait juré de ne plus mettre et qu'elle sera obligée de porter pour ne pas demeurer nue, pour la faire condamner à mort comme «relapse» et enfin livrée au bourreau.

Alors, en ce 8 septembre 1429, devant Paris occupé par les ennemis du roy, celui qui la fera soigner puis la persuadera de ne pas retourner aussitôt au combat. C'est précisément Gilles de Rais. À la suite de la défection (trahison ?) de Georges de la Trémoille (on prononce Trémouille), le roi lève le siège de Paris. La Pucelle et ses fidèles, La Hire et Gilles de Rais, en sont autant marris qu'elle. On connaît la suite. L'armée ayant battu en retraite vers la Loire, Jeanne est conviée à se «reposer» dans le château de la Trémoille d'où elle s'échappe pour répondre à l'appel de Compiègne assiégée par les Bourguignons. Faite prisonnière puis vendue aux Anglais, elle est jugée par un cochon d'évêque nommé Cauchon, ce qui n'a rien à voir avec les porcs mais en normand veut dire «chausson» ou «chaussettes : les «cauches».

Alors, dans tout cela, où est Barbe Bleue, le sinistre héros des contes de Perrault, parus sous Louis XIV, qui tuait ses épouses qu'il accrochait dans une chambre secrète… ? Quel rapport avec la Pucelle ? Nous y arrivons.

Petit neveu du connétable Bertrand du Guesclin, Gilles de Rais, vaillant capitaine de guerre (il avait tenu la Sainte Ampoule lors du sacre de Charles VII à Reims), fut si dépité par ce dernier, après le siège de Paris et la disgrâce puis l'abandon de Jehanne la Pucelle, qu'il prit une retraite dans son château de Tiffauges en Vendée. C'est là que, nanti d'une fortune considérable, il se livra à une débauche des plus éhontées. Rien n'était impossible à ses fantasmes et sa passion pour la magie lui fit commettre des atrocités qui ne purent être tenues longtemps secrètes. Alertée par nombre de disparitions de jeunes gens des alentours, la justice du roi finit par intervenir.

Arrêtés pour sorcellerie et débauches, ses deux valets, Poitou et Henriet, avouèrent sous la torture avoir attiré au château « *moult jouvenceaux et jouvencelles (une douzaine ?) pour employer leur sang par immolation* ». L'horreur totale. Emprisonné à Nantes, Gilles de Rais échangea sa peine d'excommunication qui lui aurait valu l'enfer contre des aveux. Ceux-ci, répétés à l'audience, « *horrifièrent l'assistance par tant de cruauté et de barbarie.* »

Condamné à être pendu et brûlé vif avec ses deux complices, le Barbe Bleue de Vendée bénéficiera du privilège que son corps, contrairement à ceux de ses valets, ne soit pas consumé entièrement afin d'avoir une sépulture chrétienne ! On croit rêver ! Il fut inhumé dans l'église du monastère des Carmes à Nantes, la Révolution française (pour cette fois-là entre autres) fera justice en démolissant le monument funéraire dédié à sa mémoire ! Gilles de Rais, le compagnon de la Pucelle d'Orléans, avec laquelle il entretint de si bons rapports, lui aura survécu neuf ans et cinq mois.

Mise sous le « coude gauche » de l'église catholique, Jeanne d'Arc, dite La Pucelle, ne sera canonisée sainte Jeanne d'Arc qu'en 1920… Son auréole était-elle rouillée ?

RUE DU POIL AU C…

À deux pas du Louvre d'Henri IV, une petite rue large de trois mètres sur une soixantaine de long porte le nom de Pélican. Oiseau liturgique qui symbolisait la bonté maternelle de l'Église, laquelle, telle la femelle du pélican, s'ouvrait les entrailles pour nourrir ses petits.

Cette légende, transmise par des voyageurs qui avaient vu de loin la mère pélican s'ouvrir le ventre et ses petits manger cette chair ensanglantée, vient du fait, filmé et vérifié depuis, que, pour régurgiter le poisson dont elle nourrit sa progéniture, la mère pélican se frappe l'estomac, avec son long bec, maculant ses plumes d'une boue rougeâtre faite de poissons prédigérés…

Le pélican fut donc, dès le Moyen Âge, un animal mythique reproduit sur bon nombre d'éléments liturgiques, et j'ai moi-même le souvenir qu'enfant de chœur, j'en voyais brodé sur le dos des chapes portées par Monsieur le curé lors des processions *urbi et orbi* à l'église de Saint-Sauveur-le-Vicomte.

Ce préambule, apostolique et romain, pour dire qu'en fait le « pélican » de la rue en question n'a rien à voir avec une représentation quelconque, sur une enseigne, un encorbellement ou autre peinture murale du lieu.

À l'origine, les maisons de cette rue, qui se trouvait hors de l'enceinte du Paris fortifié, étaient, pour la plupart, des « boutiques à peschié » où les dames faisaient commerce de leurs charmes. Le plus prosaïquement du monde, les Parisiens l'appelaient « la rue du poil au c... ». Quoi de plus logique ? Lorsque Paris agrandit ses limites et que les premiers plans précis avec les noms des rues furent édités, on ne pouvait pas décemment écrire « rue du poil au c... ».

On chercha un nom avec la même consonance...

Voilà comment on passa du poil à la plume, comme quoi à tout « peschié » miséricorde, tout en se moquant du pélican dira-t-on ! (Mon ami Maurice Biraud en faisait des pires.)

RUE DU PETIT MUSC

Dans le même ordre d'idées (si j'ose dire), cette rue proche de la vieille Bastille n'a rien à voir avec le « musc ou chevrotin », petit cerf dont le mâle possède une glande caudale secrétant le musc. Cette substance utilisée en parfumerie pour fixer les parfums ne peut être recueillie qu'en tuant ledit chevrotin, lequel, de ce fait, vivant au Tibet ou en Sibérie, est en voie de disparition.

Comme pour la rue du Pélican, les « ivrognesses du corps » qui faisaient commerce de leurs charmes s'y attardaient en musardant. Elles y « musaient », d'où l'appellation explicite de la « pute y muse ».

Même chose, même époque, sur les premiers plans parisiens, le nom de « petit musc » prit la place de cette appellation peu compatible avec la pruderie, alors de mise dans la « bonne société », où pourtant le droit de cuissage existait à tous les étages, sous le nom « d'amours ancillaires »... Et tout ça bien des siècles avant que New York ne construise ses premiers hôtels... Sofitel ou autres.

RUE BRISEMICHE

Alors là, contrairement aux noms anodins en apparence des deux rues précédentes, la rue Brisemiche n'a rien à voir avec la partie charnue des dames faisant « boutique mon c… », comme on dit outre-mer. Cette rue prit ce nom de Brisemiche, sous François Ier, pour la louable raison que les chanoines de Saint-Merry y distribuaient chaque semaine du pain aux miséreux. Pour ce faire, ils coupaient ou « brisaient » les miches en morceaux.

La miche de naguère a disparu. Dans mon enfance des années 30, et jusqu'à l'après-guerre, on achetait encore le pain au kilo. D'où des miches de pain de quatre livres, six livres ou huit livres, que l'on pesait et sur lesquelles on rajoutait la « pesée » avec un morceau coupé au tranchoir pour faire le poids. Sur le chemin de retour de la boulangerie, on picorait dans cette pesée de pain frais ! Quel bouquet de souvenirs odorants… !

MOZART EXCOMMUNIÉ À TREIZE ANS !

– Sa Sainteté le pape va vous recevoir ! Veuillez nous suivre…

Lorsque vous avez treize ans, que vous être étranger et que vous vous trouvez au Vatican convoqué par le pape, vous avez beau avoir le génie de Mozart (en est-il conscient d'ailleurs ?), vous devez être dans vos petits souliers.

D'autant plus qu'il se sait coupable. En « tournée » à Rome, lors de la Semaine Sainte de 1769, il a été admis à assister, dans la chapelle Sixtine, à l'office des Ténèbres du Jeudi Saint.

Or, une fois par an, et seulement ce jour-là, on peut y entendre le *Miserere d'Allegri*, a capella, par les castrats, les barytons et les basses de la Sixtine. Cette cérémonie qui a lieu dans le noir, tous cierges éteints et tous à genoux, y compris le pape et les cardinaux, est si intime, si confidentielle que, sous peine d'excommunication, il est interdit de copier la mélodie du *Miserere* ou de la reproduire.

Miserere mei Deus…

Bien que connaissant l'interdiction formelle, le jeune Mozart a si bien enregistré l'air du *Miserere d'Allegri* qu'en rentrant dans sa chambre d'hôtel, il s'empresse de la copier note pour note. Première faute. Et, non content de cela, dans la semaine de Quasimodo, lors d'un concert privé chez un riche Romain, il a chanté ledit *Miserere* en s'accompagnant au clavecin…

Cette performance de mémoire et de virtuosité, hors du commun, lui a valu l'enthousiasme des uns et la désapprobation des autres devant un tel manquement à l'interdiction de sa Sainteté le pape Clément XIV.

Comme, bien sûr, la nouvelle s'est répandue dans la cité romaine, quoi de plus logique que, dès le lendemain, il soit prié au Vatican où le voilà là, dans le sillage de l'appariteur pontifical ?

Certes, à treize ans, Mozart est sûr de lui. N'a-t-il pas tout un passé peuplé de gens étonnés, stupéfaits, interloqués, époustouflés, en un mot babas ? À trois ans, il a une mémoire auditive « eidétique » exceptionnelle qui épate son père compositeur. Celui-ci joue un morceau que le petit Wolfgang répète tout de suite après, son pour son. Dès cinq ans, il joue du clavecin avec maestria.

Avant même de savoir lire et écrire, il joue du violon et de l'orgue. À six ans, il compose des menuets. C'est à partir de cet âge que son père l'exhibe à travers l'Europe, Bruxelles, Londres, Genève, Lausanne, Paris où il joue devant Louis XV et la Pompadour à qui il dira :

– Tu ressembles à notre cuisinière.

Traduite, la phrase fait beaucoup rire le roi, un peu moins Jeanne-Antoinette Poisson qui, après son exhibition, refusera d'embrasser le petit prodige. (Peut-être aussi risquait-il, avec ses embrassades, de faire s'écrouler le monument capillaire échafaudé sur le crâne des dames de l'époque ?)

Et le voilà là, maintenant, confronté, alors qu'il a à peine treize ans, à un événement gravissime. Ne risque-t-il pas l'excommunication, c'est-à-dire l'exclusion pure et simple de la communauté catholique romaine ? Ce qui signifie l'impossibilité de se produire et donc d'exploiter l'énorme majorité des gens devant lesquels son père le fait jouer.

Tout ça parce que son esprit frondeur et amateur de plaisanteries, propres à son âge, le fait braver tous les interdits qu'il peut relever grâce à son exceptionnelle virtuosité et sa maîtrise de la musique.

Le voici donc maintenant devant le pape dans toute la majesté et le faste voulus à l'époque pour imposer la puissance de l'Église et magnifier la présence du Très Haut.

Comme on le lui a expliqué, il doit d'abord s'agenouiller pour baiser la mule papale, signe de soumission au Saint-Père. Il se baisse donc pour le faire lorsque Clément XIV le relève avec force pour bien le regarder les yeux dans les yeux, prononçant des paroles qui lui échappent mais qui, contrairement à ce qu'il attendait, semblent conciliantes, mieux, admiratives…

Et c'est ce qui se passe. Subjugué par le fait qu'un adolescent de treize ans puisse retenir et transcrire, après l'avoir entendue une seule fois, une œuvre aussi complexe que le *Miserere d'Allegri*, qui dure un bon quart d'heure, le pape veut entendre de ses propres oreilles la preuve de cette performance inouïe.

Mozart s'exécuta-t-il à capella ou à l'orgue ? Je n'ai pas trouvé la réponse à cette question vieille de deux siècles et demi.

En attendant, l'excommunication promise fit exception pour cette fois-là. Mozart reprit le plus tranquillement du monde son extraordinaire parcours de musicien prodige, on peut même y rajouter une lettre et dire « prodigue ».

Guitry (encore lui) eut le bon sens de dire :

« Quand on a entendu du Mozart, le silence qui suit est encore du Mozart… »

LE « BAISER » DE RODIN

En détaillant la statue, vous avez peut-être remarqué que l'homme qui est embrassé voluptueusement par la femme tient un livre dans son dos ?

Si vous l'avez vu, vous vous êtes sans doute demandé ce que ce livre venait faire dans cette étreinte entre deux nudistes, dont les intentions futures immédiates ont rarement à voir avec la lecture.

Détrompez-vous.

À l'origine, *Le Baiser* de Rodin s'appelait *Francesca et Paolo...* Il symbolisait toute une histoire, racontée par Dante dans sa *Divine comédie*. La voici pour faire court, comme on dit à la télé.

Francesca de Rimini tombe amoureuse de son beau-frère Paolo Malatesta, lui aussi marié. Le mari de Francesca les surprend alors qu'ils lisent ensemble *Lancelot et la reine Gueniève* dans une posture qui ne laisse aucun doute sur leur intimité. Il les tue ! Couic... Fini. C'est donc la *Légende du roi Arthur* que Paolo tient en main quelques instants avant d'être trucidé avec sa belle-sœur par son frère.

Trouvant le titre de la sculpture trop compliqué, la critique parla (en bien ou en horrible) du *Baiser*, lors de sa première sortie publique pour l'Exposition universelle de 1889.

Si, en France, la présentation du *Baiser*, fait en marbre de grande taille pour le Salon de Paris de 1898, reçut un accueil des plus favorables (le fondeur Barbedienne en fit moult réductions en bronze), il n'en fut pas de même aux États-Unis.

En 1893, la Foire de Chicago reçut les caisses des sculpteurs français désirant participer à cet événement international.

Quand les organisateurs ouvrirent l'envoi « Rodin » et découvrirent *Le Baiser*, ils restèrent sans voix… Certains par pure admiration, d'autres par répulsion. Pensez donc, un couple nu enlacé, bouche à bouche… Après de longues discussions, on décida de soustraire la « sculpture sulfureuse » à la vue du grand public.

Enfermé dans un stand à part, *Le Baiser* de Rodin ne put être vu que par des « personnes avisées » munies d'autorisations spéciales…

On croit rêver. Il est vrai qu'en 1960, lors d'un voyage en Italie en compagnie de Bellemare et de nos épouses, les femmes n'avaient pas eu le droit d'accéder à un ancien lupanar romain où une fresque, dissimulée derrière une double porte fermée à clé, n'était ouverte par le guide qu'après s'être assuré qu'aucune dame n'était présente…

En 1960 !

Depuis, la permissivité visuelle a fait des progrès "énormes"… (Comme le sexe caché derrière les portes du bordel d'Ostie…) Peut-être un peu trop pour certains regards innocents, il en reste encore.

GUYNEMER DISPARU DANS LE CIEL

Il n'était pas «l'as des as», ce titre revenant à René Fonck[3] avec 144 victoires dont 75 homologuées. Lui, «modestement», n'en avait que 88, dont 53 homologuées, mais il eut le triste privilège des vrais héros : mourir «l'épée à la main». Car, pour les héros du ciel de cette guerre (choisie par Brassens : «Moi mon colon, celle que j'préfère, c'est la guerre de 14-18...», tellement elle représente la bêtise humaine dans l'acharnement à demeurer supérieur : à qui ? pourquoi ?), il s'agissait bien d'un duel au corps à corps. «Je quarte du pied, j'escarmouche, je coupe, je feinte... Hé ! là donc, à la fin de l'envoi, je touche...» À la différence de Cyrano, l'adversaire touché s'écrasait au sol avec fort peu de chances d'en réchapper.

3. René Fonck, «l'as des as», mort en 1953 à Paris, avait une vue d'aigle. Il repérait de très loin son ennemi, disparaissait à sa vue, puis fonçait sur lui comme un rapace sur sa proie, quelques balles seulement sur le pilote surpris, puis il redisparaissait dans le ciel... Cette technique lui valut 144 victoires et sa survie. Très attaché à Pétain, pendant l'Occupation il collabore plus ou moins avec lui. En 1942, *Life* publie une liste de «traîtres» français bons à éliminer ou à juger après la victoire. Fonck y figure, en compagnie de Guitry et Chevalier... Farouchement opposé à Laval pour sa «collaboration totale», devenu suspect aux yeux de la Gestapo, il sera arrêté par les nazis et emprisonné à la Santé. On apprendra à la Libération qu'il avait fait partie d'un réseau de résistance. Blanchi, comme Guitry et Chevalier, l'as des as finira ses jours paisibles à Paris, rue du Cirque, à deux pas de l'Élysée. Il mourra à cinquante-neuf ans.

Évidemment, contrairement aux Poilus, dont l'exploit individuel se noyait dans des combats collectifs, les aviateurs, seuls dans leur zinc avec leurs mitrailleuses en guise d'épées, pouvaient afficher leur héroïsme.

Comme, de plus, leurs duels avaient lieu généralement à proximité du front, leurs exploits étaient suivis et commentés dans les tranchées, où les Poilus d'un côté et les Boches de l'autre criaient des encouragements :

– Allez, vas-y, descends-le !

– Attention, en v'là un autre !

L'as allemand, Ernst Udet, qui survécut à la guerre aérienne de 14, comme Goering, raconta dans ses souvenirs qu'au cours d'un combat avec Guynemer, sa mitrailleuse s'enrayant tout à coup, il leva les bras en signe d'impuissance. Le Français, comprenant la situation, leva lui aussi les bras et cessa le combat aussitôt, lui laissant sa chance pour une « autre fois ».

C'est cette chevalerie entre « grandes familles » que raconte si bien *La Grande illusion* de Renoir, où Stroheim et Fresnay s'affrontent dans une tradition chevaleresque.

Guynemer, lui aussi, descendait des Condé par sa mère dont les ancêtres remontaient à Louis XIV.

Et pourtant, enfant chétif et plutôt malingre, Guynemer, qui voulait s'engager dès le début des hostilités en 14, fut déclaré inapte au service… À force de volonté et d'astuces, il réussit à devenir pilote en 1915 et, tout de suite, se distingua par son sang-froid et sa maîtrise dans les combats. En mars 1916, il fut blessé au visage et reçut deux balles dans le bras au cours d'un engagement. Réussissant à ramener son avion et à atterrir sans trop de dommages, il devra attendre de longs mois avant de reprendre ses exploits.

C'est alors que l'escadrille des Cigognes, symbole de l'Alsace (devenue allemande en 70) fera de nouveau, grâce à lui, des ravages dans les ailes ennemies.

Il n'échappera pas pour autant à la défaite technique : l'hélice brisée par une balle, le moteur enrayé, un gouvernail endommagé, une aile déchiquetée, etc., Guynemer sera obligé de s'avouer sept fois battu et contraint d'atterrir d'urgence dans des conditions périlleuses. Chaque fois, sa maîtrise et son habileté le sauveront du crash, la chance faisant le reste. Jusqu'au jour où…

Le 11 septembre 1917 à l'aube, en mission de reconnaissance au-dessus des lignes ennemies, alors qu'il attaque un biplan allemand, il reçoit une balle en plein front…

Tombé derrière les lignes ennemies non loin d'Ypres, son corps sera identifié par des soldats allemands. C'est alors qu'un tir de barrage britannique d'une violence inouïe viendra labourer le terrain, pulvérisant tout ce qui s'y trouve et faisant disparaître à jamais l'avion et son illustre pilote.

Une autre version, venue de la Croix-Rouge américaine, dira qu'un Belge, ayant traversé les lignes allemandes, raconta : « Au moment où le corps de l'aviateur français, identifié grâce à sa licence de pilote trouvée dans une poche, allait être enterré dans le cimetière voisin, un officier prussien, passionné d'aviation et grand admirateur de Guynemer, fit annuler l'inhumation. Il fit transporter le corps du Français à Bruxelles, où il fut mis en terre avec les honneurs dus aux héros… » Où, dans quel cimetière bruxellois ? Personne ne le dira.

Les autorités allemandes démentiront d'ailleurs, plus tard, cette version, la qualifiant de « fantaisiste », réaffirmant qu'une fois le corps identifié, les obus britanniques avaient tout fait disparaître.

En résumé, si les circonstances de la mort du héros sont avérées, son lieu de sépulture reste un mystère. Seule une plaque au Panthéon rappelle ce que la patrie reconnaissante doit à ce « grand disparu en plein ciel », à l'image des Mermoz, Nungesser et Coli, Saint Exupéry… Une chanson de mon enfance remonte à ma mémoire. Elle était si « triste » que mon père ne voulait pas que je la lui chante. C'était l'histoire d'un orphelin dont le père, aviateur, disparaissait lui aussi… Ça se terminait ainsi :

Petit père est dans les nua… geu
Tout là-haut là-haut dans les cieux
Il a fallu qu'il soit bien sa… geu
On l'a gardé près du Bon Dieu

LE DUC DE BORDEAUX RESSEMBLE À MON C…

Vous avez sûrement entendu cette chanson historique :

Le duc de Bordeaux ressemble à son frère,
Son frère à son père et son père à mon c…
Et voilà pourquoi le duc de Bordeaux
Ressemble à mon c… comme deux gouttes d'eau.

Cette chanson grivoise, dont les couplets suivants ont des rimes en « ouille », en « ite » et en « esse », fut très en vogue sous le règne de Charles X dont le duc en question était le petit-fils.

Viré du trône en 1830 par les Trois Glorieuses, Charles X termina le règne des frères Bourbon, Louis XVI, Louis XVIII et lui-même, faisant dire à Jacques Prévert :

Louis XIV, Louis XV, Louis XVI, Louis XVII, Louis XVIII… Qu'est ce que c'est que cette famille qui ne sait pas compter jusqu'à XX ?

Cette réflexion pleine de bon sens aurait été vaine, si celui qui aurait pu poursuivre la dynastie, c'est-à-dire le duc de Bordeaux mentionné plus avant, n'avait été aussi c… (Et là, on peut, révérence parler, changer les deux lettres complémentaires qui riment avec « chanson ».)

En effet, le mariage des rois avec l'histoire de France, que l'on pouvait croire fini à tout jamais le 21 janvier 1793 après la décapitation de Capet, n'était pas encore révolu.

Après le Premier et le Second Empire, tout pouvait laisser prévoir un retour vers un royaume constitutionnel à la mode britannique ou belge actuelle... Nous aurions, qui sait !, aujourd'hui un Louis XXII ou un Henri VI, au Louvre, à Versailles ou à l'Élysée, vu la crise...

Cette éventualité fut gâchée, heureusement ou malheureusement, par la connerie ou l'entêtement du fameux duc de Bordeaux qui, en 1830, avait pris le titre de comte de Chambord.

Pour faire court comme on dit au XXIe siècle, rappelons, à la façon de *Match*, les unes depuis Waterloo jusqu'à Sedan, soit en dates de 1815 à 1870.

1815 : Louis XVIII regagne les Tuileries en chaise à porteurs. 1830 : Charles X file à l'anglaise. 1848 : Louis-Philippe, déguisé en portefaix, fait de même. 1848 : le prince président, Louis-Napoléon Bonaparte, s'installe à l'Élysée. 1853 : Napoléon III épouse Eugénie à Notre-Dame. 1855 : Victor Hugo pose sur son rocher des proscrits. 1861 : le duc de Morny se iode à Deauville. 1870 : Badinguet se livre prisonnier à Bismarck. 1871 : Thiers liquide la Commune...

C'est là que toutes ces misères subies par le peuple français, ce ras-le-bol des guerres et des révolutions, laissent à la royauté, restée en embuscade, toutes les possibilités d'un come-back fleurdelisé.

– Et pourquoi pas un roi ?

Deux prétendants sont en tête des sondages pour les primaires :

• Le comte de Chambord (ex-duc de Bordeaux), petit-fils de Charles X, dernier descendant des Bourbon,

• Le comte de Paris, petit-fils de Louis-Philippe, roi des Français qui, pour les légitimistes, était un traître ayant voté la mort de tonton Louis XVI.

La République de M. Thiers (trop petit pour faire un homme entier), qui a eu bien des misères avec le siège de Paris et la Commune, est fragilisée.

En 1872, les royalistes, qui ont repris du poil de la couronne, obtiennent du comte de Paris qu'il admette Chambord comme héritier légal au trône de France, se réservant la succession au trône. Il n'y aura donc pas de primaires à droite.

Tout baigne pour les partisans d'une Restauration, lesquels, pour être plus à l'aise dans leur projet, mettent en mai 1873 Thiers en minorité ingouvernable. Après la démission du « foutriquet », ils élisent Mac Mahon, vieux maréchal favorable à une royauté constitutionnelle.

En août 1873, un accord de principe est établi entre le comte de Paris et le futur roi à un détail près… Si celui-là accepte le drapeau tricolore que Louis-Philippe avait adopté en tant que roi des Français, son petit-fils le refuse catégoriquement.

– Je ne laisserai pas arracher de mes mains l'étendard d'Henri IV, de François Ier, de Jeanne d'Arc ! Et toc…

– Enfin, votre grand-père Louis-Philippe avait, lui…

– NON, personne ne fera de moi le roi d'une République qui a du sang sur son drapeau !

– Mais le drapeau tricolore a fait le tour du monde et…

– NON ! Je maintiendrai le drapeau blanc de la France. Il a flotté sur mon berceau en exil, je veux qu'il ombrage ma tombe. (*sic*)

Quand on vous disait plus haut qu'il était c…

Comment faire avaler ça à un peuple dont les aïeux ont inventé le drapeau tricolore sous Louis XVI, l'ont vu se couvrir de gloire avec Bonaparte et Napoléon, remis à l'honneur avec Louis-Philippe, et même briller une partie du Second Empire ?

– Non et non ! Personne ne me fera changer d'avis.

Non seulement c… mais buté, le Bordeaux-Chambord ! Les têtes royalistes, qui sont conscientes qu'un coup d'État « à la 2 décembre » est impossible avec la montée laïque républicaine, décident d'attendre la mort du prétendant légitime pour pousser la candidature du comte de Paris.

– Patientons et prolongeons Mac Mahon…

C'était compter sans la poussée irrésistible de la gauche. À son tour, Mac Mahon est envoyé voir si les eaux de la Garonne (devant lesquelles il a prononcé sa phrase historique « *que d'eau, que d'eau !* ») sont en décrue.

Avec Jules Grévy, puis Sadi Carnot, la perspective d'une nouvelle France royaliste s'amenuise au point de passer totalement de mode.

Chambord, avec son obsession du blanc à reclouer sur la hampe du drapeau français, venait d'en faire définitivement le linceul de la royauté. Vive la République !

SACRÉ-CŒUR À DROITE, SAINT-PIERRE À GAUCHE

• *Piliers de la basilique du Sacré-Cœur de Jésus : de 5 000 à 100 000 francs (or)*
• *Colonnes avec chiffre ou armoiries : 1 000 à 5 000 francs*
• *Pierres avec 2 initiales visibles : 500 francs*
• *Pierres de tailles cachées : 120 francs*

Voilà les tarifs officiels proposés en 1875 dans toutes les églises, basiliques ou cathédrales de France pour l'édification, au sommet de la butte Montmartre, d'un sanctuaire dédié au Sacré-Cœur de Jésus afin de « *faire cesser les malheurs de la France et obtenir le pardon de nos fautes* ».

J'ai oublié volontairement un tarif, qui vaut son pesant d'ironie tellement il nous semble aujourd'hui d'une crédulité obsolète, sceptiques que nous sommes, voire même blasés par les scandales de toutes sortes qui jalonnent ce siècle et demi nous séparant de cette époque.

• *Pierres avec 5 initiales NON visibles : 300 francs*

Non visibles ! Allez vérifier…

Mais, en 1875, après l'humiliation de la « piquette » de 1870 (Sedan, Metz), la mortification du siège de Paris (on avait dû manger du rat, de l'éléphant, etc., ce qui fit dire malicieusement à Victor Hugo : *Mon dîner me tracasse et même me harcèle. J'ai mangé du cheval et je songe à la selle !*)

plus la honte de la Commune (plus de vingt mille morts et dix mille déportés), l'Assemblée nationale, sous la présidence du très vertueux maréchal de Mac Mahon, va adopter le projet « Vœu national » pour l'édification d'un sanctuaire, dans le cadre du nouvel « ordre moral ».

Évidemment, l'opposition de gauche va vitupérer contre le projet.

« Il n'est pas possible que le bon Dieu, s'il existe, accepte d'habiter là-dedans. »

« Cette crotte de chien posée sur le mont des Martyrs va narguer la sérénité placide de Notre-Dame. »

Après la pose de la première pierre, les travaux sont à peine commencés que, les em… ennuis surgissent. Impossible de poser une telle masse de pierres sur un terrain littéralement miné. En effet, depuis des siècles, tout le plâtre utilisé pour les constructions de Paris ou de ses faubourgs est tiré de la butte Montmartre. Les charrettes transportant ce précieux matériau blanchâtre aboutissent généralement… place « Blanche » ! Eh oui !

Et c'est un vrai gruyère que l'on trouve. Pour asseoir l'édifice, il va falloir creuser pas moins de quatre-vingt-trois puits à trente-huit mètres de profondeur, pour ensuite les combler. Une vraie folie. Un instant, les architectes, qui croient, eux, rarement aux miracles, sont sur le point de renoncer.

« Forer quatre-vingt-trois puits pour les combler ensuite au sommet d'une butte de cent vingt mètres, c'est de la folie à l'état pur. »

Une nouvelle vente de « pierres » est lancée sous forme de « pieuses vignettes » divisées en petits carrés d'une valeur globale de 120 francs. Les plus humbles paroisses de France peuvent ainsi participer pour 10 centimes, 1 franc ou plus, à l'érection de ce sanctuaire parisien qui brandira la croix chrétienne à plus de deux cents mètres dans le ciel de Paris.

On comprend l'agacement et la colère de la gauche qui, faute de mieux, se déchaîne contre le président Mac Mahon, lequel après ses succès sous Napoléon III (Sébastopol, Malakoff) fut vaincu et fait prisonnier à Sedan puis réprima sévèrement les Communards en 1871. Un pamphlétaire écrit :

Mac Mahon l'illustre vaincu
Loyal, mais avide de gloire,
Tient à se faire dans l'Histoire
La même place que Monk eut… »

(Monk était un général anglais, de l'époque de Cromwell, surnommé « le pacificateur ».)

Il faut avouer que Mac Mahon ne brillait pas par la pétillance de son esprit. Lors d'une inondation de la Loire, aux journalistes qui lui demandaient son impression, après longue réflexion, il dit :

– Que d'eau, que d'eau !

Ce à quoi un journaliste facétieux ajouta :

– Et encore ! On n'en voit que le dessus !

Célèbre par sa phrase à Sébastopol – *J'y suis, j'y reste !* –, un journal paraphrasa le président : *J'y reste peut-être encore… mais je n'y suis plus du tout !*

C'est dans ce climat délétère que la gauche revient au pouvoir en élisant le président Jules Grévy dès janvier 1879. Sous sa coupe, les lois sur l'éducation scolaire vont pleuvoir et un grand projet pour le centenaire de la Révolution de 1789 va voir le jour.

C'est là que l'idée de voir le drapeau tricolore de la République flotter « au-dessus » de la croix du Sacré-Cœur va peu à peu germer dans la tête de Locroy, gendre de Victor Hugo, anticlérical notoire et ami de Gustave Eiffel. Dans un précédent livre[4], j'ai conté par le détail les péripéties qui amèneront cet événement national qui verra le drapeau tricolore flotter à trois cents mètres dans le ciel de Paris.

Ayant pris un retard considérable, la nef du Sacré-Cœur ne sera inaugurée qu'en 1891 et le reste sera achevé juste après la guerre, en 1919.

Il avait été prévu que, pour aérer et faire de l'espace autour du nouveau sanctuaire, on démolirait la vieille église Saint-Pierre de Montmartre qui jouxte la basilique. Or, en 1899, de joyeux artistes de la butte, viscéralement anticléricaux, offrirent un bon gueuleton à un certain Eugène Fournière, conseiller municipal de Paris. Au cours du souper, ils persuadèrent ledit conseiller que ce serait un crime de démolir un sanctuaire parisien aussi chargé d'histoire : mille ans d'existence, Louis VI le gros, Henri IV, le télégraphe Chappe, etc., etc.

Il fut convaincu et persuadé lui aussi de « jouer un bon tour au Sacré-Cœur ». Des fonds furent votés par la Ville de Paris, et Saint-Pierre fut même classé monument historique. (En référence à Lyon et au conseiller, on l'appellera Saint-Pierre de Fournière…)

4. *Petites histoires de l'histoire de France*, Hugo et Cie.

De nos jours, en longeant la rue du Cardinal Guibert, vous avez sur le trottoir de droite la masse blanchâtre du Sacré Cœur, et, sur le trottoir de gauche, à quinze mètres à peine, les vieux murs de Saint-Pierre de Montmartre, preuve que la vieille lutte gauche/droite ne date pas d'aujourd'hui…

LE P'TIT PÈRE LA « MARAUDE » : MARÉCHAL DE RICHELIEU

Arrière-petit-neveu du cardinal de Richelieu, cet homme hors du commun est quasiment inconnu, écrasé qu'il est par son arrière-grand-oncle dont il porte le nom.

Louis, François, Armand de Vignerot du Plessis, duc de Richelieu, maréchal de France, fut célèbre par ses frasques, ses débauches et ses duels qui lui valurent d'être emprisonné plusieurs fois à la Bastille.

Il fut surnommé le « p'tit père la Maraude » par ses soldats qu'il autorisait a piller les villes prises à l'ennemi. C'est ainsi qu'il se trouve un jour devant les portes d'une ville du Hanovre qui capitule, à bout de ressources, après un long siège. Selon la coutume, le bourgmestre, suivi de notables, arrive en cortège, présentant au vainqueur les clés symboliques de la ville, en or, sur un coussin de velours.

Contrairement à toute attente, le maréchal se saisit des clés qu'il passe derrière lui à un de ses lieutenants.

– Hélas, s'écrie le bourgmestre, en pareille occasion, voici quelques années, Monsieur de Turenne s'était contenté de prendre possession de la ville en nous laissant les clés…

Du tac au tac, le maréchal de Richelieu lui répond :

– C'est tout à fait possible, mais, comme tout le monde le sait, Monsieur de Turenne était un homme que nul autre ne saurait imiter.

Et les clés d'or firent partie du butin.

Si le « maraudage » que l'on pouvait reprocher au maréchal était monnaie courante à l'époque, ses qualités militaires n'en étaient pas moins réelles. À Fontenoy – bataille restée célèbre grâce à la phrase : *Tirez les premiers, Messieurs les Anglais !* –, alors que le maréchal de Saxe qui dirige les opérations va se résoudre à la retraite, c'est lui, le « p'tit père la Maraude », qui a l'idée géniale de couper en deux l'armée Cumberland, renversant ainsi la situation qui aboutit à la victoire finale.

Sur le plan sentimental, le « p'tit père la Maraude » ne pratiquait pas que le chapardage. Marié trois fois, il était très apprécié des courtisanes et ses succès auprès du beau sexe firent pousser bien des cornes. D'un naturel urbain, on le disait « délicat » dans ses rapports. Il fut surnommé aussi « l'Alcibiade français » « dont l'heureuse nature et l'aspect physique s'épanouirent et conservèrent leur éclat tout au long de sa vie. »

Ce fut si vrai qu'à l'âge pourtant fort avancé de quatre-vingt-quatre ans, malgré sa sénilité, il épousa une ex-chanoinesse veuve d'un général dont il avait été l'ami.

Le soir des noces, il conduisit la nouvelle duchesse de Richelieu dans sa chambre, puis, avant de se retirer dans sa propre chambre, lui donna ce quatrain :

À minuit cachez-moi vos charmes
Je craindrais d'outrager l'amour
Depuis que j'ai perdu ses armes
Mon bonheur chut avec le jour

Ah ! qu'en « termes définitifs » et galants ces choses-là furent dites… Le maréchal « p'tit père la Maraude » mourut un an avant la prise de la Bastille. Il avait quatre-vingt-douze ans.

PICASSO ET SA MÉMOIRE PHÉNOMÉNALE

Bordeaux, juin 1940. Alors que la France, envahie par les troupes d'Hitler, se résigne en silence à écouter la voix du vieux maréchal chevrotant, un petit groupe de « camarades » de gauche se retrouve au bord de la Gironde. Il y a là les frères Prévert, Roger Blin, les frères Marx, Picasso, quelques inconnus et un jeune acteur débordant d'énergie, Maurice Baquet.

Violoncelliste, alpiniste, cascadeur, chanteur, sa bonne bouille de rêveur émerveillé fait qu'il mène une carrière de sympathie aux multiples facettes. Ayant échappé au grand piège des prisonniers passifs qui croient naïvement qu'« on est de retour chez nous dans 15 jours ! », il a troqué son uniforme kaki contre un bleu de travail et ne songe qu'à une chose, rejoindre sa famille restée près de Paris. Pour ce faire, voulant éviter les gares et ses contrôles «*papirs bitté*», il a dégotté une moto abandonnée dans un fossé et s'efforce de la remettre en route. Ce qui ne semble pas évident. Entouré des amis cités plus haut, après chaque démontage et remontage, il s'acharne sur le kick, en vain, chacun donnant bien sûr son conseil avisé.

– Tu es sûr que ta bougie…

– As-tu pensé au gicleur qui…

– Tu devrais voir si le joint de culasse…

Et évidemment, tous de plaisanter devant cet acharnement qui tourne à l'obsession.

– Pourquoi tu n'adapterais pas un pédalier de vélo... ?

Comme il se doit, ces plaisanteries glissent sur la volonté farouche de Maurice Baquet qui, laissant ses copains à leurs sarcasmes, finit par partir à la recherche hypothétique d'un réparateur compétent.

– Salut les amis ! À un de ces quatre !

Un de ces quatre ! Il ne pensait pas si bien dire... La guerre s'éternise. Maurice, qui a retrouvé sa famille à Paris, reprend son métier de comédien. Il tourne des films avec Cayatte, Becker (*Dernier atout*), Pierre Prévert, Louis Daquin, et joue au théâtre. Arrive la Libération. Grand retour des communistes. Aragon est à l'honneur. Picasso, qui s'est fait discret pendant toute cette période, revient en force. Sa *Colombe de la paix* vole de meeting en meeting sur fond rouge d'Internationale communiste.

Un jour, le hasard fait que Maurice Baquet se trouve invité à une grande fête organisée par *L'Huma*. Dans un des stands, Picasso, sur une tribune, signe des cartes postales avec sa colombe et l'idée vient à Maurice d'aller saluer le grand peintre, qu'il n'a pas revu depuis...

– Juin 40 ! Ça fait un bail ! Quatre ans...

Faisant la queue comme tout le monde, il est reconnu par un des organisateurs qui lui fait signe de le rejoindre.

– Venez, je vais vous faire passer.

– Mais je peux...

– Ah non ! Il vous connaît bien sûr ?

– Oui...

C'est là qu'un grand doute assaille Maurice Baquet. Il connaît Picasso, soit, mais c'était surtout les frères Prévert, avec lesquels il avait tourné, qu'il fréquentait...

Et si Picasso ne le reconnaissait pas ? En quatre ans, on change, on oublie. Avec tout le monde qu'on lui présente... Lui, le grand Picasso.

Toutes ses réflexions l'ont amené au pied de la tribune où le peintre signe à tour de bras.

– Monsieur Picasso !

À l'appel de l'organisateur, Picasso lève les yeux, voit Maurice Baquet tout sourire un peu figé quand même. Aussitôt, l'œil noir du peintre, d'une extraordinaire intensité, s'illumine et, tendant cette main qui a peint tant de chefs-d'œuvre, il dit :

– Alors cette moto, elle a démarré ?

En me racontant cette anecdote, Maurice en avait encore les larmes aux yeux… Ça s'explique !

LES BAÏONNETTES DE MIRABEAU

Personnage extraordinaire que ce Mirabeau, dont Hugo dira qu'il était d'une « *laideur grandiose et fulgurante* ». Tête énorme, visage piqué par la variole, redoutable tribun au verbe aussi incisif que sa voix est puissante. La noblesse de Provence ne soupçonne pas quelle bêtise elle fait en refusant ce « petit comte du Loiret » parmi les siens.

Se faisant facilement admettre au tiers état d'Aix-Marseille, le ci-devant comte participe aux fameux états généraux de Versailles en 1789.

Le 23 juin, après une prise de position qui ne satisfait que la noblesse et le clergé, Louis XVI, mal conseillé, fait sa crise d'autorité :

– Je veux ! Et, même si c'est apocryphe, il ajoute : NA !

Là-dessus, il lève la séance, tout le monde s'agite, les nobles en jabot et les ecclésiastiques en grandes pompes sortent, tandis qu'à la surprise de de Dreux-Brézé, « grand maître de cérémonie », le tiers-état demeure là « dans un morne silence ».

– Hé oh ! Pourquoi ils ne décanillent pas, ceux-là ?

Avec infiniment de dignité alliée à une fermeté fonctionnelle, de Dreux-Brézé annonce que la séance est finie :

– Nous vous prions de vous retirer… Peut-être a-t-il même ajouté : On ferme.

Derrière lui, un piquet de soldats de la garde du roi, fusil au pied, se demande : « Qu'est-ce qui se passe là ? »

Et c'est là que la tradition place à ce moment précis la célèbre phrase de Mirabeau en un raccourci historique : « Nous sommes ici… », etc., etc.

Le journal *Le Moniteur* rapportera la phrase exacte dès le lendemain. Après avoir rappelé à de Dreux-Brézé qu'il n'est pas là pour leur donner lui-même des ordres, Mirabeau ajoute :

… Pour éviter toute équivoque et tout délai, je vous déclare que si l'on vous a chargés de nous faire sortir d'ici, vous devez demander des ordres pour employer la force : car nous ne quitterons nos places que par la puissance des baïonnettes.

Devant une telle détermination, le maître de cérémonie fonce dans la cour de l'Hôtel des Menus Plaisirs où se tiennent les séances et rattrape le roi, au moment où sa Majesté hisse sa grande carcasse dans son carrosse.

– Sire ! Sire ! (peut-être trois fois !)

– Qu'est-ce ? demande sa Majesté en restant figé sur le marchepied.

Mis au courant du refus d'obtempérer du tiers état, ce pauvre Louis, seizième du nom, qui porte sur ses épaules de déménageur et dans ses grosses mains de serrurier toute une hérédité d'intrigues, de trahisons, de cruautés, d'abus de pouvoir – alors que c'est un brave père de famille qui n'a même pas de favorite –, s'accorde quelques secondes de réflexion. Que faire ? Revenir leur parler ? Ça va retarder son déjeuner et c'est qu'il a faim, le bougre ! Dame, une grande carcasse comme ça ! Faire intervenir la garde ? Pas question, il a horreur de la violence… Alors, il botte en touche et dit, avant de s'affaler sur sa banquette :

– Ils veulent rester ! Eh foutre ! Qu'ils restent… (*sic*)

Ce furent sans doute les dernières paroles royales prononcées dans la tradition du descendant direct de saint Louis, Henri IV et Louis XIV.

Mirabeau tentera, en douce, de lui faire accepter une monarchie constitutionnelle qui sera contrariée par des tas de malentendus et une tonne de maladresses de la part du roi serrurier.

Là-dessus, patatrac, Mirabeau casse sa pipe le 2 avril 1791. On porte la dépouille du tribun en grandes pompes au Panthéon, ex-basilique Sainte-Geneviève.

C'en est fait de la monarchie constitutionnelle, comme celle des Anglais.

Novembre 1792, en fouillant dans les affaires de Louis XVI, on trouve dans la fameuse « armoire de fer », cachée derrière une boiserie dans le Palais des Tuileries, la preuve que Mirabeau a été payé par le roi pour limiter les « aspirations légitimes du peuple citoyen ».

On vire Mirabeau, le traître maudit, du Panthéon et on le remplace par Marat qui sort de son bain de sang.

Enterré dans une tombe anonyme du cimetière de Clamart, un siècle plus tard, en 1889, on fera vainement des recherches pour donner à Mirabeau une sépulture plus digne du grand tribun qu'il était quand même.

L'homme qui osa le premier dire NON au roi, au nom du peuple, reste à jamais privé de sépulture, à moins qu'un jour, au cours de travaux dans le cimetière de Clamart… un crâne énorme !

LA TOUR SAINT-JACQUES SAUVÉE PAR LES CHASSEURS…

Lorsque vous passez rue de Rivoli à Paris, vous ne pouvez pas la manquer. Ses soixante mètres dominent le quartier comme le clocher servait d'amer aux pêcheurs de naguère. En fait, la tour Saint-Jacques est un clocher, le clocher de l'église Saint-Jacques-la-Boucherie, construite par la grâce… des bouchers parisiens dont les abattoirs étaient à proximité de la Seine (arrivée des bêtes, sortie des égouts).

À la générosité des bouchers il faut ajouter celle de Nicolas Flamel qui, par ses largesses, embellit et transforma l'édifice au point d'avoir fait faire, à ses frais, un portail latéral supplémentaire. Au tympan de ce portail, on pouvait voir la sainte Vierge à laquelle saint Jacques présentait Nicolas Flamel, à genoux, en costume d'écrivain-juré, son écritoire à la main. À ses côtés se trouvait, également à genoux, Dame Pernelle son épouse que saint Jean-Baptiste présentait à la mère du Christ. Tout ça en grande modestie chrétienne.

Il est courant d'entendre que la fortune de Nicolas Flamel venait de l'alchimie lui permettant de transmuter le plomb en or… D'autres versions disent qu'il avait laissé répandre ce bruit pour cacher le profit fabuleux de plusieurs fortunes juives bradées à l'époque où les juifs furent bannis du royaume de France.

Une autre version, plus simple, explique que sa femme, Dame Pernelle, lui avait apporté en dot une fortune conséquente qu'il aurait fait fructifier en habile homme d'affaires qu'il était.

Tout au long du mur nord de l'église Saint-Jacques se trouvaient des échoppes en bois où peintres, dessinateurs, enlumineurs, épitaphiers, calligraphes et écrivains offraient leurs services aux chalands. La majorité de ces échoppes appartenaient à Nicolas Flamel qui, de plus, organisait chez lui des cours particuliers en groupe ou à domicile, lesquels coûtaient « la peau des miches ». Quoi qu'il en soit, la fortune de Nicolas Flamel lui permit de faire des libéralités exceptionnelles. Il dota quatorze hôpitaux, rebâtit trois chapelles, renta sept églises, retapa trois charniers dont un mur entier du célèbre cimetière des Saints-Innocents.

Rue de Montmorency, au n° 51, on peut voir encore aujourd'hui un immeuble qu'il fit construire afin de loger gratuitement une nuit les provinciaux montés vendre des denrées dans la capitale : « la maison au grand pignon ». Au-dessus de l'entrée, on peut lire toujours, en lettres gothiques :

Nous, hommes et femmes laboureurs, demeurant au porche de cette maison… sommes tenus chacun en droit, de dire tous les jours une pastenôtre (Notre Père) et un Ave Maria, en priant Dieu que sa grâce face pardon aux posvres pêcheurs trépassés. Amen.

Autrefois, au-dessus de cette phrase, se voyait une fresque en couleurs où figurait le Christ en compagnie de Nicolas Flamel, entourés de paysans à genoux qui priaient. On n'est pas plus humble !

À sa mort à quatre-vingt-huit ans, Nicolas Flamel fut, bien entendu, enterré sous les dalles de l'église Saint-Jacques. Sur sa pierre tombale, on écrivit :

De terre suis venu et en terre retorne

L'âme rends à toi Jésus que les peschés pardonne.

Lorsque, sous la Révolution, le corps de l'église fut démoli, la pierre tombale disparut. Elle fut retrouvée, par le plus grand des hasards, sous Louis-Philippe, dans la boutique d'une marchande de légumes qui s'en servait pour émincer poireaux, ciboulettes, etc…

Elle est aujourd'hui à « Carnavalet », étape indispensable aux amoureux de Paris.

Pour en revenir à la tour Saint-Jacques, le corps de l'église était démoli, on allait attaquer le clocher gothique lorsque le citoyen Dubois, qui avait acheté le tout pour 411 000 francs, reçut la visite d'un marchand de plombs de chasse.

– Mon métier m'oblige à « couler » dans les carrières de Meudon, votre tour m'intéresse. Combien vous me la louez ?

Affaire faite, l'homme, qui fabriquait les plombs de chasse installa au sommet de la tour un foyer pour fondre le plomb, lequel, en fusion, était déversé dans des tamis de différents calibres. En gouttant, le plomb s'arrondit et tombe dans des cuves d'eau, soixante mètres plus bas…

Simple, il suffisait d'y penser. Pendant près d'un siècle, les chasseurs parisiens purent acheter leurs plombs chez cet astucieux commerçant.

Sous Louis-Philippe, la Ville de Paris racheta la tour aux héritiers Dubois. À l'occasion de la percée de la rue de Rivoli, sous Napoléon III, elle fut restaurée sur sa butte de terre d'origine.

Née sous le sigle des Bouchers, embellie par Nicolas Flamel, sauvée de la destruction par les chasseurs parisiens, naguère la tour Saint-Jacques était à la disposition de la Météorologie nationale, une façon de « braver le temps » au fil des intempéries politiques qui font les otages de l'histoire.

LE MARÉCHAL NEY FUSILLÉ AVEC DES BALLES À BLANC GRÂCE À WELLINGTON

– Direction le trou du cul de mon cheval ! Chargez !

Phrase familière du maréchal Ney pour dire à ses cavaliers qu'il était toujours à la pointe du combat, méritant le surnom que lui attribua Napoléon après la bataille d'Iéna : « le brave des braves ».

Michel Ney, maréchal d'Empire, duc d'Elchingen, prince de la Moskowa dit « le grand rougeaud » ou « le lion rouge » à cause de sa crinière dorée et de son teint sanguin, est aujourd'hui encore un des personnages les plus emblématiques de l'épopée napoléonienne. Pourtant, il ne fut pas toujours d'accord avec l'Empereur, peu s'en faut. Preuve en est aux Cent Jours où, après avoir poussé Napoléon à partir pour l'île d'Elbe, puis s'être rallié à Louis XVIII, il répondit au vieux roi qui pestait :

– Il faut courir sus à Bonaparte.

– Je vous le ramènerai dans une cage de fer !

Las, Chateaubriand, dont le génie n'avait pas échappé au jeune Victor Hugo, écrira à propos de cette réplique du vieux monarque podagre et cloué par la goutte :

Louis XVIII, sans jambes... Courir « sus » le conquérant qui enjambait la terre ! Et « sus » qui ? Sus au loup ? Sus un chef de brigands ? Un seigneur félon ? Non : « Sus Napoléon » qui avait couru « sus les Rois », les avait saisis et marqués pour jamais à l'épaule de son N ineffaçable.

On peut et on a pu tout dire sur l'épopée du petit Corse, mais on ne peut qu'admirer ce come-back effectué depuis Golfe-Juan jusqu'aux Tuileries sans qu'un seul coup de feu n'ait été tiré.

Pour éviter de traverser la Provence, très royaliste, l'ex-Empereur prend le chemin des Alpes (route Napoléon). Son fidèle Cambronne le précède d'une journée et organise son arrivée, partout enthousiaste. Ayant intercepté un carrosse qui roulait vers le Sud, il s'avère être occupé par le duc de Valentinois, prince de Monaco. On le fait patienter et arrive Napoléon.

– Ho ! Monaco, dit l'ex-Empereur, vous venez avec nous ?

– Mais non, Sire, répond le prince extrêmement surpris, je rentre chez moi.

– Mais moi aussi !, dit Napoléon.

Arrive le célèbre face-à-face du village de Laffrey où les voltigeurs du commandant Delessart se trouvent nez à nez avec l'avant-garde impériale composée de lanciers polonais.

– Je suis déterminé à faire mon devoir, crie Delessart, si vous ne vous retirez pas sur-le-champ…

Ses soldats semblent décidés. On tient les fusils à deux mains, prêt à épauler. C'est là que tout se joue. Un coup de feu et c'est le signal d'un massacre. Les consignes de l'Empereur ont été formelles : « On ne tire pas, on ne se bat pas. » Les lanciers polonais à cheval font demi-tour. Les soldats sont face à face. C'est alors que du cœur de la « vieille garde », reconnaissable à ses bonnets à poils, une silhouette se fraye un passage puis s'avance seule, d'un pas décidé. Tout le monde le reconnaît bien sûr, avec son célèbre petit chapeau de feutre, ses bottes de cavalier et sa redingote grise.

– Soldats de la 5e, je suis votre Empereur, vous me reconnaissez ?

Un silence à couper au sabre est tombé sur l'assistance. Un fusil qui tombe, un doigt trop nerveux sur une détente et c'est fini…

Napoléon avance encore de trois pas, s'arrête et entrouvre sa redingote, seule couleur visible le rouge de la Légion d'honneur qu'il a inventée.

– S'il est parmi vous un soldat qui veuille tuer son Empereur… me voilà.

C'est du super, une sorte de quitte ou double. Un cri, deux, puis toutes les poitrines, si longtemps oppressées, se libèrent d'un seul coup, d'un même cœur.

– Vive l'Empereur !

On s'embrasse, on tombe à genoux, on pleure de joie. C'est le premier face-à-face officiel entre les troupes royales légitimes et celles du « petit tondu ». Nous sommes le 7 mars et la montée triomphale sur Paris ne fait que commencer.

Évidemment, il reste encore le maréchal Ney et sa fameuse « cage de fer ». Les jours passent et l'Empereur poursuit son ascension, porté par la ferveur de tout un peuple. Les paysans, les commerçants, les bourgeois, les fonctionnaires, tous accueillent celui qui, issu de la Révolution, a su faire la grandeur de la France, sans la mainmise des rois félons.

Grenoble casse les portes de la ville pour porter Napoléon en triomphe. À Lyon, le 10 mars, l'Empereur retrouve ses fonctions mises en veilleuse depuis son exil voilà un an.

Il reçoit les notables, passe en revue les troupes, supprime l'ordre de Saint-Louis, édicte de nouvelles lois, il est quasiment redevenu l'Empereur. L'aigle a retrouvé son vol.

C'est à Besançon, où il a rejoint les troupes qu'il est chargé de commander pour faire barrage à « l'usurpateur », que Ney apprend par une lettre de l'Empereur ce qui se passe à Lyon. Que lui dit-il en plus ? Nul ne le sait.

Dans la nuit du 13 au 14 mars, « tempête sous un crâne » aurait dit Hugo. Le « grand rougeaud » est aux prises avec sa conscience. D'origine modeste (son père était tonnelier), enfant de la Révolution (vingt ans en 1789), sa nature orgueilleuse et son tempérament susceptible en ont fait un écorché vif. De plus, franc-maçon, imprégné du culte de la « parole » donnée, ce bras de fer avec celui qui l'a fait maréchal de France et qu'il admire le plonge dans la plus grande perplexité, ça s'explique.

Au petit matin du 14, Ney sort de son casernement le visage un peu plus pâle que de coutume. Sans doute le manque de sommeil. Il monte sur son cheval et s'avance au front des troupes, alignées au garde-à-vous. Mettant sabre au clair et saluant l'assistance, il s'adresse à ses hommes d'une voix ferme.

– Officiers, sous-officiers, soldats…

Un temps. Tous ici connaissent la mission qui lui a été confiée, sûrement même que la « cage de fer » a été évoquée et commentée. Suspense.

– … La cause des Bourbon… (Un temps…) est à jamais perdue ! Nous allons…

On ne saura jamais la suite de sa phrase, noyée dans une immense clameur de soulagement et de joie.

– Vive l'Empereur ! Vive Napoléon ! Vive le maréchal Ney !

Contrairement à l'idée reçue, il n'y aura pas de « retrouvailles » spectaculaires entre les deux hommes. À Auxerre, où se fera la fusion des troupes montantes et descendantes, la rencontre historique du « p'tit tondu » et du « grand rougeaud » aura lieu à huis clos. L'Empereur restera évasif et, si Ney dira qu'il lui avait demandé ce jour-là de « ne plus jouer au tyran », personne ne saura vraiment quels reproches furent échangés. Ni l'un ni l'autre n'avaient l'habitude de mâcher leurs mots et ça n'a pas dû être « pastoral »… Preuve en est : Napoléon et Ney ne se reverront que trois mois plus tard, la veille de Waterloo.

Lors de la bataille fatale, le « grand rougeaud » fera preuve d'une témérité hors du commun.

– Venez voir comment meurt un maréchal de France !

Il aura cinq chevaux TUÉS SOUS LUI. C'est à peine croyable, cinq chevaux foudroyés par la mitraille qui va l'épargner, lui le brave des braves, se surpassant dans le combat au point de faire penser à un suicide.

Vaincu, Napoléon est exilé une seconde fois. Louis XVIII revenu sur son trône bancal décrète que tous ceux qui se sont mis ou remis au service de « l'usurpateur », avant le 20 mars, seront déclarés traîtres et punis comme tels.

Un seul maréchal figure sur la liste, Ney. Condamné à mort, le brave des braves, à la surprise de tous, refusera toutes les tentatives et propositions faites pour lui épargner la peine capitale et le faire évader à l'étranger.

Le 7 décembre 1815, le maréchal Ney, en simple costume de bourgeois, est conduit avenue de l'Observatoire, non loin du lieu où se trouve de nos jours sa statue. Un peloton d'exécution l'attend. Sans se départir de son calme, Ney refuse qu'on lui bande les yeux.

– Camarades, tirez et visez juste !

Ce que la tradition traduira par :

– Soldats, visez droit au cœur !

La salve éclate, le maréchal tombe la « *face contre terre* ».

À l'époque, le coup de grâce n'est pas obligatoire et, comme le veut la coutume, sa dépouille va rester là « *sans qu'on y touche* » pendant un quart d'heure, après quoi les fossoyeurs emporteront le supplicié.

Un cavalier anglais en profite pour faire sauter sa monture par-dessus le cadavre. Un officier russe qui l'avait applaudi fut, par la suite, rayé de l'armée par le tsar Alexandre Ier, lequel appréciait beaucoup la bravoure du grand soldat « frère ».

La version selon laquelle les francs-maçons auraient organisé une fausse exécution avec des balles à blanc repose sur le fait qu'en 1903, lorsque l'on voulut transférer les restes de Ney dans un lieu plus décent, le fossoyeur constata que le cercueil était vide… Sans se soucier outre mesure de ce que racontait ce radoteur, on préleva cet amalgame de bois pourri, de terre, de cailloux et peut-être d'ossements pulvérisés par le temps et les conditions précaires de l'ensevelissement. C'est ce qui se trouve aujourd'hui au Père-Lachaise, surmonté d'un monument digne du « brave des braves ».

L'affaire n'en resta pas là. Un « fouineur » découvrit une tombe dans un cimetière de Mocksville en Caroline du Nord, aux États-Unis, sur laquelle est écrit à côté d'un petit drapeau français :

En mémoire de Peter Stuart Ney, originaire de France et soldat de la Révolution française sous Napoléon Bonaparte, qui quitta ce monde le 15 novembre 1846 à l'âge de 77 ans.

L'âge correspond parfaitement avec celui qu'aurait eu Ney. Quant aux prénoms (d'emprunt, pour un fugitif), Pierre était celui de son père et sa mère descendait, disait-on, des Stuart écossais. Ce Peter Stuart Ney enseignait les langues dont l'allemand (il était né à Sarrelouis), et bien sûr le français…

Selon d'anciens élèves, un jour de l'été 1821, ce maître d'école, absent sans motif, fut découvert chez lui, avec à ses côtés une « gazette » baignée de sang, annonçant la mort de Napoléon à Sainte-Hélène. Questionné, le prof de langues avoua avoir voulu mourir, puis pressé de questions, il révéla :

– Je suis le maréchal Ney, promis au grade de Chevalier Rose Croix de l'Aigle Noir, comme l'était le duc de Wellington. Lors de ma condamnation à mort en 1815, le vainqueur de Waterloo qui était alors ambassadeur détaché à Paris, rue du Faubourg Saint-Honoré, alla voir Louis XVIII pour demander ma grâce. Sur le refus de celui-ci, il organisa un simulacre d'exécution, grâce à de hautes complicités maçonniques. Le soir même, muni de faux papiers, je partais pour Bordeaux d'où, sur le *City of Philadelphia*, je gagnai les États-Unis. Après trois ans d'études de l'anglais, du grec et du latin, je me fixai à Brownsville comme professeur de langues.

L'enquête menée aux États-Unis avant-guerre révéla que d'anciens soldats de la Grande Armée étaient venus le visiter, l'avaient parfaitement reconnu et avaient juré de respecter son incognito.

L'enquête ajoutait que Peter Ney connaissait parfaitement le maniement du sabre. Il en fit d'ailleurs une démonstration spectaculaire, un jour, au détriment d'un prof de combat, devant tous ses élèves ébahis.

De plus, Peter Ney était un cavalier émérite, et enfin, détail capital, deux analyses graphologiques faites sur une lettre de Peter et l'autre de Michel par deux spécialistes différents, à quelques années de distance, donnèrent toutes deux la même conclusion : *Lettres écrites par la même personne !* D'autres analyses seront plus prudentes…

Alors, que penser ?

Ce qui est admis officiellement en France, c'est que, condamné à mort, le maréchal Ney refusa net l'aide de :

• Fouché, qui lui aurait proposé deux passeports, Suisse ou Amérique.

• Exelmans ; le général lui aurait suggéré de l'emmener où il le désirait, lors de son transfert entre la prison de la Conciergerie et celle du Luxembourg.

• Un groupe d'anciens officiers, combattant sous ses ordres, venus le voir au Luxembourg pour lui demander de les suivre hors de sa prison.

Oublié par la mort sur les champs de bataille, bafoué par la politique des salons, déçu par l'éloignement de l'homme qui l'avait fait ce qu'il était et ne voulant pas renier la parole qu'il lui avait redonnée à Waterloo, le « brave des braves » s'était-il résolu à tomber sous les balles françaises ?

OU ALORS, laissant toutes les apparences d'une résignation fatale, aurait-il cédé à des « frères » bien placés pour lui organiser un départ sursitaire avec du « rab » de vie outre-Atlantique, abandonnant TOUT son passé ?

Si OUI, tout devient cohérent !

Le supplicié, sachant que les fusils sont chargés à blanc, tombe face contre terre (parfaitement illogique, mais ça empêche de voir les impacts).

Comme il va rester là sans qu'on le touche pendant un quart d'heure, lorsque l'on vient relever son cadavre, qui sont ces croque-morts ? Quels sont les témoins restés sur place ? À partir d'un plan bien conçu, tout devient facilement imaginable... Le cercueil reste vide !

Le prof de français et d'allemand de Caroline du Nord, mort à l'âge exact qu'aurait eu le maréchal en 1846, était-il Ney ou non ?

Pas né d'hier, le mystère Ney n'est pas près de décourager les partisans d'un « nouveau Ney » mort au Nouveau Monde.

Affaire à suivre, avec prise d'ADN ?

DES « GROS MOTS » CÉLÈBRES

– Alors, casse-toi pauvre c...

On a beaucoup reproché à Nicolas Sarkozy cette répartie triviale à l'encontre d'un quidam qui refusait sa main présidentielle. On oublie cependant de préciser que l'individu avait accompagné son refus d'un « J'vais pas m'salir ! » Réplique aussi cinglante que diffamatoire.

Le vulgum pecus que nous sommes a trop souvent tendance à idéaliser, pour ne pas dire sublimer, ses édiles ou ceux qui tiennent les rênes du pouvoir. On oublie que, poussé à bout, chacun d'entre nous a forcément, un jour, « craqué » en proférant des mots incongrus, voire orduriers. Tout le monde connaît la réplique fameuse de Napoléon adressée à Talleyrand qui lui faussait compagnie sans avoir cédé :

– Vous êtes de la m... dans un bas de soie !

J'ai entendu un vieux comédien raconter qu'étant jeune, il avait joué avec Sarah Bernhardt alors amputée d'une jambe. (En jouant l'*Aiglon*, elle tombait à genoux et une malencontreuse « broquette » s'était fichée plantée sous sa rotule... gangrène... amputation.) Courageusement, elle était remontée sur scène où elle évoluait sur UNE JAMBE en s'appuyant sur les meubles... Contrairement à la légende, elle n'a jamais eu de « jambe de bois ». Elle avait acquis une jambe articulée qu'elle mit UNE fois lorsqu'elle fut filmée par le jeune Sacha Guitry dans son célèbre *Ceux de chez nous*. Document qui date de 1915, aussi touchant que précieux.

Donc, Sarah Bernhardt, dès le rideau tombé, était prise en charge par un assistant qui l'installait dans un fauteuil roulant (invention qui n'a rien à voir, pas plus que les trottoirs ou escaliers, HÉLAS, avec ma famille). Or, un jour, sur un palier, notre témoin entendit des jurons abominables proférés par une personne :

– N… de D… de m… de sa… de p… de m…

S'avançant, il reconnaît la grande Sarah abandonnée là par son assistant, parti sûrement chercher quelque chose d'oublié.

– Ah c'est vous Madame, s'enquiert l'homme. Que vous arrive-t-il ?

Alors, Sarah, sublime :

– Oh ! rien. je rêvais tout haut.

De tous les présidents occupant l'Élysée, le plus célèbre est sans doute Félix Faure qui y mourut dans des circonstances salaces, pour ne pas dire licencieuses, en compagnie de Mme Steinel. Circonstances que Clemenceau résuma en ces termes : « Il se voulait César, il ne fut que Pompée », ou encore par cet autre mot, car le Tigre ne l'aimait guère : « En rentrant dans le néant, il a dû se sentir chez lui ! »

Outre ces amabilités post-mortem, Félix Faure portait beau. Il « chaussait monocle » et guêtres immaculées, se parfumait comme une cocotte et manifestait en toutes circonstances un quant-à-soi farouche qui l'avait fait surnommer « Félix le Bel » ou le « Beau Félisque ».

Venant d'être élu président de la République, il convoque ses amis et connaissances pour célébrer l'événement. Avant de se séparer, il prend la parole pour demander le plus sérieusement du monde :

– Mes amis, mes nouvelles fonctions m'obligent à vous demander impérativement une chose essentielle. À partir de maintenant, plus de tutoiement, nous nous vouvoyons…

Et comme un silence d'incrédulité et de surprise tombe sur cette assemblée de vieux compagnons, il croit bon d'ajouter :

– Je ne tolèrerai aucune dérogation à cet interdit.

C'est alors que la voix d'Eugène Étienne, vieux député baroudeur d'Oran, compagnon de route depuis toujours, s'élève :

– Me permets-tu de te tutoyer une dernière fois ?

Surpris, mais faisant bonne figure, le nouveau président ne peut qu'acquiescer :

– Soit.
Alors, Eugène Étienne :
– Mon cher Félix, je t'em…

CYRANO, UN BIDE REDOUTÉ !

Autant la lecture et les premières répétitions de la pièce avaient été empreintes d'enthousiasme et de sérénité, autant, au soir de la première, en ce 27 décembre 1897, le moral de la troupe était à zéro. Au fil des répétitions, la complexité des scènes, la contrainte des vers, le sujet lui-même avaient fait l'objet de critiques et de doutes, pour aboutir à une certitude : « on va au four ».

En cette fin de XIXe siècle, le « Théâtre Libre » d'André Antoine venait de bouleverser les traditions dramatiques. La mode était à la mise en scène réaliste sur des textes « naturalistes » d'Émile Zola, Ibsen, Strindberg, etc. Laboratoire expérimental pour les intellos, les initiés, provocateur et hermétique pour les autres. Dans les derniers salons où l'on cause, qu'allait-on penser de cette œuvre d'un auteur, quasiment inconnu, de vingt-neuf ans ?

Dans ce contexte morose de « penseurs de fond », quelle idée avait-on eue de monter une pièce en vers (et contre tous) dont le héros, bretteur sous Louis XIII, servait de doublure amoureuse à un paltoquet bellâtre ? C'était de la provocation. D'ailleurs, en y réfléchissant, n'était-ce pas le procès de l'homosexualité qui sourdait sous l'intrigue ? Cyrano n'était-il pas en fait amoureux de Christian ? Son nez immense, symbole sexuel s'il en est, ainsi que l'épée toujours à la main, ne trahissaient-ils pas cette idée vécue dans l'histoire réelle de Cyrano de Bergerac, homosexuel avéré, ami de Molière ?

Et puis tous ces décors, changements de lieux, personnages multiples, ce tumulte sur scène, alors que la mode était à la sobriété des moyens proposés aux critiques qui en appréciaient la nouveauté.

– De la folie, c'est de la folie !

Tout le monde en est si persuadé que, la veille, Maria Legault qui joue Roxane a tenté d'échapper au naufrage en se faisant « porter pâle ».

– Faites jouer ma doublure... Je suis incapable de bouger.

Il a fallu toute la diplomatie et la fermeté de Coquelin, qui joue Cyrano et, de plus, est le directeur du Théâtre de la Porte Saint-Martin, pour la faire revenir sur sa décision.

Maintenant que tout est prêt, il reste tout bonnement à affronter le public. Il est trop tard pour reculer, mais Coquelin qui est à l'époque l'une des grandes vedettes du Boulevard où il vient de triompher dans *Fanfan la Tulipe*, croit si peu à la réussite de Cyrano à ce moment-là qu'il glisse à l'oreille de son régisseur, venu le chercher pour entrer en scène :

– Qu'est-ce qu'on va pouvoir jouer dans huit jours ?

En pénétrant sur le plateau, il se heurte à l'auteur, Edmond Rostand, qui, devant son air préoccupé, lui dit :

– Je vous demande pardon de vous avoir entraîné dans une aventure aussi effrayante.

– Allons ! On verra bien !, répond Coquelin, fataliste.

C'était tout vu. Au début, tout d'abord, surpris par les vers et la mise en scène tourbillonnante, dans ce décor du théâtre de l'Hôtel de Bourgogne, tout se déroule dans un silence mortel qui confirme les sombres pronostics prévus par tous. Dissimulé au milieu des spectateurs du parterre, Coquelin-Cyrano échange des regards qui en disent long sur le constat de ce « silence bidesque » du public. C'est alors qu'arrive la réplique de Montfleury auquel, dans la pièce, Cyrano a interdit de paraître sur la scène du théâtre.

– *... Et qui, lorsque Zéphir a soufflé sur les bois...*

Cyrano (invisible) : *Coquin, ne t'ai-je pas interdit pour un mois ?*

C'est parti, Coquelin, prolongé de son appendice nasal, arrive au premier plan, quelques rires fusent, et la scène avec le fâcheux qui lui parle de son nez et qu'il soufflette enchaîne. C'est alors que le vicomte prend le relais de la moquerie :

– Attendez ! Je vais lui lancer un de ces traits !...
Vous... Vous avez un nez... heu... un nez... très grand.
Cyrano : *Très.*
Vicomte : *Ah !*
Cyrano : *C'est tout ?*
Vicomte : *Mais...*
Cyrano : *Ah ! non ! C'est un peu court, jeune homme !*
On pouvait dire... Oh ! Dieu !... Bien des choses en somme.
En variant le ton – Par exemple, tenez :

Et c'est parti, la tirade des nez est envoyée péter au nez des spectateurs, ébahis, tétanisés par tant de pétulance, d'à-propos, de verve, si bien qu'arrivé à la fin :

– ... Je me les sers moi-même, avec assez de verve,
Mais je ne permets pas qu'un autre me les serve.

Une salve d'applaudissements et de cris d'enthousiasme oblige les comédiens à rester sans voix pendant plus d'une minute avant d'enchaîner la suite.

Et cela va se produire à plusieurs reprises. La tirade des « non merci » :

– Ne pas monter bien haut peut-être, mais tout seul !
– Un baiser, mais à tout prendre, qu'est-ce ?

Et lorsqu'à la fin :

– ... Et, ce soir, quand j'entrerai chez Dieu,
Mon salut balaiera largement le seuil bleu,
Quelque chose que sans un pli, sans une tache,
J'emporte malgré vous, et c'est...
Roxane : *C'est ?...*
– Mon panache.

C'est du délire. Debout, la salle réclame l'auteur. Pendant près d'une heure, les rappels succèdent aux rappels. Rostand, trop ému, refuse de venir sur scène et Coquelin doit annoncer :

– M. Rostand vient de quitter le théâtre.

La pièce qui, selon Coquelin, ne devait durer que huit jours, fut jouée à la Porte Saint-Martin quatre cents fois de suite et rapporta à son auteur gloire et fortune.

Lorsqu'il sera reçu à l'Académie française quelques années plus tard, Rostand terminera son discours par le mot clé de son Cyrano :

« … Le panache, c'est la pudeur de l'héroïsme, c'est comme un sourire par lequel on s'excuse d'être sublime. »

Henri IV, avec son « panache blanc », ne l'aurait pas mieux dit.

CHARLIE CHAPLIN JUIF ? NON MAIS…

Je m'apprêtais à monter dans l'ascenseur lorsque je « LE » vois pousser la porte du 116 bis, Champs-Élysées.

LUI, le Charlot de mon enfance, celui du Pathé-Baby de mes cousins, LUI qui mangeait ses lentilles une par une en les piquant avec son épingle à cravate. LUI qui m'avait fait pleurer à chaudes larmes en effeuillant sa rose à la fin des *Lumières de la ville*.

Charlie Chaplin, l'homme qui avait fait rire et pleurer la planète Terre, s'encadrait là dans le hall de l'immeuble du Poste Parisien où nous avions nos bureaux, au 5e, avec Pierre Bellemare.

Nous étions en 1965 et Chaplin supervisait la synchronisation de son dernier film *La Comtesse de Hong Kong* avec Marlon Brando et Sophia Loren. Nous savions bien sûr « qu'il était là » et, le voyant pousser la porte, je fis un rapide calcul :

Il allait au 2e où se trouvaient les salles de synchro, dirigées par un certain Panier dit « Papa », assisté de Perrin dit le « Chinetoque », père de Francis Perrin, alors en culottes courtes.

Nous étions cinq dans l'ascenseur, capacité maximum, avec deux pékins qui allaient s'arrêter à l'entresol.

Je maintiens la porte entrouverte en le regardant l'air de dire : « Je sais que vous montez, je VOUS attends. »

IL hâte le pas, je lui fais signe « doucement » – il a soixante-seize ans – je LUI demande d'entrer, il réalise que je LUI cède ma place, IL me fait signe – Ah non, vous. Je mets ma main sur le cœur. – C'est un honneur pour moi... Alors il accepte et monte en me remerciant. Je referme la porte et IL disparaît me faisant – Au revoir merci...

Et je vais battre un record de montée d'escalier, deux par deux, peut-être même trois par trois marches, j'ai alors trente-sept ans, et toutes mes dents, plus l'envie de surprendre.

Comme prévu, l'ascenseur s'arrête à l'entresol. Le temps de laisser sortir les deux pékins qui sont au fond, IL est obligé de sortir... À l'époque, l'ascenseur a une porte intérieure à glissière qu'il faut retenir à la main... Ça prend du temps et me permet de passer à la vitesse du HGV (Homme Grande Vitesse)... premier étage... vroooum... et vous avez compris...

Deuxième étage « Poste Parisien Synchro »... Je suis là pour LUI ouvrir la porte... Il a ri, apprécié et m'a serré la main. Il y avait dans cette main tant de rires, tant d'émotions, tant de talent à distraire les hommes de leur misère que j'en fus et en reste encore bouleversé. Il est pour moi de la race des Molière, des Hugo, des Trenet, des Brassens. De ces hommes sources de bonheur qui jaillissent de la nature pour vous entraîner au loin, dans les étoiles de la félicité.

Je savais, comme tout le monde, les aléas qu'il avait connus dans sa vie quotidienne. Sa passion pour les filles pas mûres, son refus d'adopter la nationalité américaine qui lui avait valu de fuir le maccartisme, sa judéité, qui l'avait placé sur la liste des parias d'Hollywood, dressée par les nazis avant-guerre. Autant de choses qui n'altéraient en rien le talent d'un individu, surtout ce dernier trait lié à la naissance qui m'avait fait me révolter en voyant en 1943 l'étoile jaune sur le veston de mon copain Maurice.

– J'en veux une moi aussi, lui avais-je dit avec fougue, ne comprenant rien à cette discrimination inexplicable à mes yeux d'adolescent.

Charlot était juif, comme moi normand, d'autres bretons ou polonais ou ivoiriens...

Et puis un jour, je lus un entretien que Georges Sadoul avait eu avec Chaplin, ce Chaplin à qui j'avais eu l'honneur de serrer la main. À un moment, Sadoul lui parlait d'Hitler, qu'il avait si bien ridiculisé dans son *Dictateur*, et lui disait :

– Il vous avait mis sur la liste des juifs d'Hollywood.

À ma grande surprise, Chaplin répondait :

– Oui, quoique je ne sois pas juif !

– Vous n'êtes pas juif ?, s'étonnait Sadoul.

Et Chaplin d'énoncer ses ascendances en réitérant sa non-judéité, et Sadoul, surpris, de demander :

– Alors pourquoi ne pas avoir protesté, pourquoi ne pas avoir démenti ?

Et Chaplin de répondre cette phrase grandiose qui le hisse encore un peu plus au-dessus du commun des mortels :

– Parce que j'aurais pu l'être !

LE TSAR FATAL À JOSÉPHINE

Le 28 mai 1814, l'impératrice douairière Joséphine, ex-Madame Bonaparte, qui a quarante-cinq ans… (qu'elle dit, mais, en fait, en a cinq de plus pour son état-civil, soigneusement rectifié), n'a rien perdu de son célèbre charme créole.

Alors qu'elle vit retirée de la politique dans son château de Malmaison depuis quelques années, la piquette que vient de prendre son ex-Empereur de mari et son exil à l'île d'Elbe n'ont pas affecté outre mesure sa légendaire bonne humeur.

Lorsqu'elle était impératrice, elle était fort appréciée par tout le gotha européen pour son aménité et ses manières élégantes. Preuve en est que tous les vainqueurs de la Sainte-Alliance, se souvenant d'elle, se sont déplacés ces jours derniers pour lui présenter leurs hommages. Aujourd'hui, c'est Alexandre Ier, tsar de toutes les Russies, qui a manifesté le désir de venir lui rendre visite en son splendide domaine de Malmaison.

Séductrice dans l'âme, malgré les ans, Marie-Josèphe-Rose de Tascher de la Pagerie a conservé ce goût de séduire qui fut l'atout maître de son extraordinaire destinée. Dans son immense « dressing-room », qui recèle des centaines de robes (on peut être dépensière et conservatrice !), elle se choisit une mise en compagnie de ses dames d'atour.

Chacune de ces robes lui rappelle tant de souvenirs… des hommes, des événements, des fêtes, des cérémonies, toute une vie suspendue à des porte manteaux. Bien sûr, les robes qui datent de son mariage à seize ans et des années de ménage avec Alexandre de Beauharnais ont disparu. Ce n'était pas d'ailleurs de bons souvenirs. À part les deux enfants qu'il lui a faits, le restant ne fut que des misères. Coureur et dépensier, ayant eu des grandes responsabilités sous la Révolution naissante, il fut déjugé après la fuite à Varennes, au point de finir enfermé à la prison des Carmes puis guillotiné. Le pire, c'est qu'elle-même y fut emprisonnée aussi comme complice. C'est là qu'elle fera la connaissance de celle qui deviendra Mme Tallien, laquelle l'initiera au « commerce » des hommes…

Élève très douée de nature, elle mettra ses leçons en application immédiate : un général croupit lui aussi à la prison des Carmes, il s'appelle Hoche, elle le séduit, il devient son amant protecteur… Sauvée par la chute de Robespierre, Rose (à l'époque, elle se fait appeler par son troisième prénom) se retrouve veuve, à la rue avec deux enfants à charge. Sans ressources, elle est obligée de quémander auprès de Hoche qui a repris du service.

– Pardonne-moi, mon ami, tu sais combien je répugne à ce genre de sollicitation, mais l'éducation de ma fille Hortense et de son frère Eugène…

Époque difficile où Hoche, chargé de pacifier la Vendée, finira par l'expédier… sur les roses.

C'est alors qu'elle rencontre Thérésa Tallien, devenue la maîtresse de Barras, homme-clé de la transition vers le Directoire. Elle est admise dans ce joyeux milieu où les fêtes alternent avec les bals, les réceptions. Les voilà ces robes de tulle, transparentes, où la gorge pigeonnait, largement offerte aux yeux des généreux amateurs. On se moquait des « me.veilleuses », mais on était « inc.oyablement » « heu.euses »…

Comme Thérésa en a assez de Barras et vice versa, elle lui refile Rose qui retrouve ainsi un joli petit revenu. Et voilà d'autres robes, et voilà d'autres atours. Rose est très prisée. Elle évolue au milieu de toute cette exubérance, libérée après tant de « Terreurs ».

Dans l'ombre du salon de Barras circule un p'tit Corse au visage anguleux, à l'œil bleu et aux cheveux en broussaille. Il est devenu célèbre, après son retour de Toulon, lorsqu'on l'a chargé de réprimer sur les marches de Saint-Roch une manifestation pro-royaliste. Il a fait charger ses canons à mitraille.

– Canonniers, pointez-moi ça en plein cœur ! Feu ! Parfait !

Trois cents morts et blessés et plus de contre-révolution. Bien joué, général Vendémiaire…

Le petit Corse n'a d'yeux que pour Rose. Barras, qui commence à en avoir assez des pompages de fonds de la Créole, voit là l'occasion de s'en décramponner.

– Tu devrais t'intéresser à ce p'tit général !, lui glisse-t-il entre deux bouchées.

– Quel général ?

– Lui, là-bas, le mal frisé. On va le nommer général en chef des armées d'Italie. Célibataire, bel avenir, beau parti…

C'était parti… Bonaparte est subjugué, conquis. Alors, il refuse de l'appeler Rose.

– Je ne veux pas d'un prénom usé par tous tes amants. Marie, c'est trop classique. Josèphe trop sec, on t'appellera Joséphine… et puis, on se marie avant mon départ pour… le col du Saint-Bernard, mais ça ! Motus et bouche cousue !

Et les voilà les belles robes, somptueuses, de Joséphine Bonaparte, l'épouse du vaillant général qui vole de victoires en lauriers…

Elle avait cette robe affriolante quand elle a rejoint le p'tit Corse en Italie, accompagnée de son beau hussard, Hippolyte Charles… Quel amant celui-là !

Et voilà les robes du Consulat… et celles de l'Empire. Évidemment, entre deux guerres, elle eut l'occasion d'afficher sa belle éducation reçue à l'abbaye de Penthemont en accueillant au palais des Tuileries les personnalités les plus éminentes, soumises à la bonne volonté de son César de mari. D'où ces robes impériales, brodées d'ors et de perles, parfaitement importables aujourd'hui. C'était l'époque où son Napo de mari se croyait stérile et donc sans dynastie. C'est alors qu'un jour, en engrossant une dame de sa suite, l'Empereur s'aperçut que c'était elle qui ne pouvait plus devenir mère… Après avoir vainement tenté de faire adopter comme héritiers directs les deux fils que sa fille Hortense avait avec Louis, frère de l'Empereur, le divorce restait la seule solution au problème dynastique et toc, la voilà devenue du jour au lendemain impératrice douairière, duchesse de Navarre. Son train de vie, revu à la baisse, ne l'empêcha pas pour autant de collectionner de nouvelles robes… Tiens, celle-là par exemple, tout en satin gris tourterelle, avec vue plongeante sur les mamelons de la vallée du cœur.

– Celle-ci me conviendra très bien.

Mise en garde d'une de ses dames d'atour, d'origine flamande :

– Fotre Machesté compte, je suppose, faire les honneurs te son chardin potanique à…

– Évidemment !

– Malgré cette fin tu mois te mai, le « frisket » de l'air… les serres grandes ouvertes…

L'opiniâtreté, pour ne pas dire l'entêtement, de Joséphine était connu. « Ce qu'elle a en tête, elle ne l'a pas ailleurs », disait-on familièrement d'elle en coulisse.

Voilà comment, en robe satin gris tourterelle, Joséphine s'attarda à faire visiter ses magnifiques collections de plantes exotiques au tsar de toutes les Russies Alexandre Ier.

Elle posa même quelques instants pour une « photo » que le peintre Hector Viger « développera » sous le règne de son petit-fils que l'on voit tenu par la main, Napoléon III. (Le « cliché » est visible à la Malmaison.)

La réception terminée, c'est transie mais contente qu'elle consentira à prendre un bon grog bouillant, avec du rhum de la Martinique, enveloppée dans des couvertures bien chaudes.

Mais le mal est fait, le coup de froid sur ses seins de glace, sans pénicilline à l'époque, ne pardonnera pas. Ce sera même foudroyant. Prise de tremblements accompagnés d'une fièvre de cheval, Marie Josèphe Rose de Tascher de la Pagerie, ex-Beauharnais, ex-Bonaparte, rend son âme… à qui ? on ne l'a jamais su, le 29 mai 1814.

Son corps repose sous une très belle statue d'elle en orante, dans l'église de Rueil-Malmaison. Elle avait vraiment cinquante ans.

Après avoir passé allègrement les heures les plus thermidoriennes de notre Histoire, mourir d'un coup de froid pour avoir vanté des plantes tropicales… c'est vraiment finir de mal en pire.

L'AMOUREUX TRANSI D'ÉLISABETH DE FRANCE

Fille d'Henri IV et mariée au roi d'Espagne, elle menait à la cour une vie active « à la française ». Parmi les courtisans, un gentilhomme madrilène, poète et sportif, n'avait de cesse de briller pour, disait-on, séduire une dame de la cour, aimée en secret.

Intriguée au plus haut point, la reine fit savoir un jour au gentilhomme qu'elle aurait du plaisir à connaître l'élue de son cœur, s'il daignait la lui présenter.

Le lendemain, la reine Élisabeth reçut de sa part… un MIROIR !

CAMBRONNE A-T-IL DIT « M... » OU NON ?

Le mot a fait « long feu » et il n'a peut-être pas fini de faire de la braise. Depuis 1815, les historiens, les chroniqueurs, bref, les curieux se posent et reposent la question : le « mot de Cambronne » est-il bien attribué à son auteur ?

Disons d'abord que si, aujourd'hui encore, il est considéré comme un « gros mot » dans le langage scolaire primaire, il a bien perdu de sa gaillardise au profit d'autres « gros mots » qui émaillent notre univers quotidien audiovisuel du XXIe siècle. (Ah ! les « mises à pied » des années 50-60 pour avoir dit un « mot grossier » à l'antenne !)

Précisons que la polémique vient du fait que Cambronne a toujours nié ce que l'on raconte la plupart du temps.

Waterloo. Le dernier carré de la vieille garde que commande le général est cerné de toutes parts par les Anglais qui les fusillent à bout pourtant. Devant cet héroïsme inutile, et voyant à chaque salve le carré se restreindre, un officier anglais leur crie en français :

– Rendez-vous !

Ce à quoi Cambronne aurait répondu cette phrase sublime :

– La garde meurt, mais ne se rend pas.

Quelques instants plus tard, même demande, même réponse reprise en chœur par la vieille garde.

Pour la troisième fois, alors que le carré n'a plus qu'une dizaine d'hommes de chaque côté, l'officier anglais réitère sa phrase :

– Rendez-vous, braves soldats !

Alors, Cambronne, excédé de répéter la même chose, hurle :

– M…

Avant de s'écrouler à son tour, grièvement blessé. Recueilli et soigné par les Anglais qui le transportent prisonnier de l'autre côté du Channel, Cambronne revient en France en compagnie de son infirmière écossaise qu'il va épouser. Il est acquitté devant le conseil de guerre et Louis XVIII, estimant qu'il n'a trahi personne, le fera chevalier de Saint-Louis. Retraité et glorieux, il finira sa vie dans sa bonne ville natale de Nantes où il s'éteindra à l'âge de soixante et onze ans.

Le fait d'être reconnu et honoré comme un vaillant soldat, accepté par la vieille noblesse royaliste et le roi lui-même, lui fera adopter une attitude n'ayant rien à voir avec le « laisser-aller » dont ses collègues de l'Empire, issus souvent du petit peuple, étaient coutumiers.

Cela pourrait expliquer le refus d'un comportement roturier : « Je n'ai jamais dit "La garde meurt, mais ne se rend pas" pour deux bonnes raisons, dira-t-il. Je ne suis pas mort, et je me suis rendu… »

Quant au « mot » lui-même, il aurait juré à son épouse ne jamais l'avoir employé, ce qui lui aurait valu de recevoir en cadeau de celle-ci une montre en or exposée dans un musée de Nantes.

Ça, c'est la version Cambronne. Cependant, un certain Antoine Deleau, qui faisait partie du dernier carré, affirme : *J'étais à deux mètres de lui et l'ai parfaitement entendu. Comme tous les soldats anglais, qui nous cernaient de toutes parts, nous imploraient de nous rendre, c'est alors que, fou de colère, Cambronne leur lâcha son fameux M… Ce fut le dernier mot que j'entendis car je reçus un boulet qui m'étendit sans connaissance sur un tas de cadavres…*

Une autre version du même Deleau est plus édulcorée : … *Cambronne répondit à cette dernière sommation par un geste de colère (?) accompagné de paroles que je n'entendis plus, atteint en ce moment par un boulet qui m'enleva mon bonnet à poils et me renversa sur un tas de cadavres…*

Certains polémistes assurent que le témoignage de Deleau vint après la parution des *Misérables* de Victor Hugo, où celui-ci remet en lumière Waterloo avec toute la verve et la puissance de son style.

Qui a vaincu à Waterloo ? Un mot… Un mot qui fracture la poitrine, une insulte à la foudre… Dire ce mot et ensuite mourir, quoi de plus grand ? C'est foudroyer le tonnerre qui vous tue, c'est vaincre.

Alors ? La question posée a inspiré bien des auteurs, à commencer par le grand Sacha Guitry qui, en 1936, joua une pièce en vers libres, *Le Mot de Cambronne*, en compagnie de Marguerite Moreno (Madame Cambronne l'Écossaise) et Jacqueline Delubac (Madame Guitry à la ville). Celle-ci faisait la jeune bonne du couple dont la femme tentait par tous les moyens de faire dire à son mari le « fameux mot » que tout le monde connaissait, sauf elle. Il ne le disait pas, bien sûr, et c'est la jeune bonne, en laissant tomber un plateau, qui le prononçait à la fin, grâce à une rime riche à propos des « illusions perdues ». Je cite :

Mme Cambronne : *Oui, j'ai dit « qu'on les perde »* (les illusions).
Cambronne : *Oh ! J'ai bien entendu*
Et cependant, cette perche tendue…
Elle : *Quelle perche tendue ?*
Je comprends mal…
Lui : *Tais-toi !*
Elle : *Quoi ? Tu ne trouves pas très normal qu'on les perde ?*
Lui : *Ce mot ne sera pas prononcé sous mon toit,*
Bien que tu m'aies tendu sa rime unique…
La servante laisse tomber le plateau : *Merde !*
Lui : *Ouf ! Le voilà ! Tant mieux !*
Ah je n'en pouvais plus
La vérité sort de la bouche des enfants !
Elle : *C'est lui ?*
Lui : *Mais oui c'est lui !*
C'est ce mot triomphant.
Qui met un terme à nos propos un peu tendus !
Et je suis enchanté que tu l'aies entendu !
Je crois qu'après ce mot
On peut tirer l'échelle – et fermer le rideau !

ET LE RIDEAU SE FERME.

Tristan Bernard avait écrit :
Cambronne on y pense avec peine
Ne se montra pas bien français
Crier aux ennemis un mot qui porte veine
C'était fatalement assurer leur succès.

Alors ? Le mot de la fin vient sans doute de Cambronne lui-même qui dira au cours d'un dîner en 1830 :

« Non, je n'ai pas dit "La garde meurt et ne se rend pas" mais, sommé de déposer les armes, j'ai répondu quelques mots, moins brillants certes, mais d'une énergie naturelle… »

Si c'est ne pas avouer que ce qui vient d'énergique et naturel dans un moment pareil, c'est…

Merde alors !

CE CHER, « TRÈS CHER » MONSIEUR COLBERT

Colbert, grand serviteur de l'État ! L'État étant le roi et Louis XIV se prenant pour l'égal des dieux, le grand serviteur dut, pour faire face aux dépenses somptuaires du patron, ponctionner à l'envi tous ceux qui pouvaient fournir de l'argent.

En 1683, lorsqu'il meurt, la misère qui ronge le petit peuple depuis des lustres est si grande que, par peur des excités pouvant venir attaquer le convoi funèbre et se venger sur la dépouille du ministre, on décida de l'enterrer de nuit et en catimini.

On est loin de la statue fière et sereine trônant sur les marches de l'Assemblée, en compagnie de Sully.

NAPOLÉON MI-CORSE MI-BRETON ?

– D'où me viennent mes talents militaires ? Les Buonaparte étaient magistrats ou avocats. On a prétendu qu'en réalité, je descendrais d'un général… Cette hérédité pourrait tout expliquer !

C'est sur un navire cinglant vers l'Égypte en 1798 que Bonaparte, brillant vainqueur de la campagne d'Italie, aurait tenu ces propos qui expliqueraient tout. Napoléon, corse par sa mère Laetitia Ramolino mais breton par son père, le général comte Charles de Marbeuf… Quel pastis !…

Ceux qui empruntent la rue Marbeuf, débouchant sur les Champs-Élysées, sont loin de se douter que le nom de cette artère vient d'un membre de la famille paternelle du « p'tit tondu ».

Nul historien n'a pu, à ce jour, prouver ou démonter ce point d'interrogation posé par le futur Empereur lui-même, au matin de son extraordinaire destinée.

Il faut avouer que, sur le plan physique, Napoléon n'avait rien de son père, ni par la taille (1,69 mètre) ni par l'allure, pas plus que par le caractère ou la vivacité d'esprit. Et ses yeux bleus ?… Et ses cheveux blonds châtain ? Pour un Corse ! Lors de sa naissance à Ajaccio, on a chuchoté… on a ragoté ferme. Madame Laetitia était si jolie, son mari si souvent parti en voyage. À l'époque, on avait très souvent remarqué la berline de M. le comte de Marbeuf, gouverneur de l'île, stationnée près de la « casa Buonaparte ». Le général était galant, affable, très estimé par les autochtones et ses « bonnes fortunes » étaient, disait-on, fort nombreuses. Il aurait pu avoir pour la jeune Laetitia un empressement qui pourrait laisser penser... « mais les gens sont si méchants. Ils voient le « mâle » partout. »

La toute jeune Mme Buonaparte n'avait que dix-neuf ans à l'époque, « belle comme le jour », dira son fils, et fière comme une vraie Corse. Elle n'ignorait rien des infidélités de son époux. Aurait-elle cédé par dépit au séduisant général breton ? Un moment de « compensation » est si vite arrivé. La faiblesse est souvent confondue avec la vengeance et en Corse... la vendetta...

Le mieux pour le petit Napoléon, né le 15 août 1769, c'est que le général Marbeuf ne va pas se contenter d'être une connaissance lancée au hasard d'une aventure sans lendemain. Il va continuer à fréquenter, voire protéger, la famille Buonaparte en général, et le petit Napoléon en particulier. C'est sur son conseil, et surtout sa recommandation, qu'à l'âge de neuf ans Napoléon fait son entrée à l'École militaire de Brienne en tant qu'élève du roi. Là, « Paille au nez » (surnom donné par ses camarades à « Napoillionné », comme prononçait son prénom le jeune Corse) va faire des études qui, à défaut d'être étincelantes, prouveront ses dons exceptionnels en maths. Les Buonaparte n'étaient pas très riches, « Paille au nez » adressa des lettres de reproche à son père : *Je suis las d'afficher l'indigence dans laquelle je me tiens.* Un condisciple du jeune Corse à Brienne rapportera : *M. de Marbeuf envoyait de l'argent pour ses menus plaisirs au petit Bonaparte.*

M. de Marbeuf ! Tiens donc... Mieux, toujours à Brienne, un jour un condisciple de Napoléon lui lance :

– Votre père est un misérable sergent !

Blêmissant sous l'injure, le petit Corse âgé de quatorze ans, fier comme un coq, provoque en duel celui qui osa toucher à sa famille. L'affaire vient aux oreilles des professeurs. Conseil de discipline, si l'insulteur est condamné aux arrêts, Napoléon est réduit à la chambre de discipline. Trouvant sa punition inique, le jeune Corse écrit au comte de Marbeuf qui providentiellement se trouve alors à Sens (110 km de Brienne) chez des amis. (L'enfant est donc au courant !) Partageant son indignation, M. le comte de Marbeuf se déplace aussitôt à Brienne où il est reçu par le directeur de l'École ; le puni est réhabilité et remis en liberté instantanément avec des excuses.

Devenu Empereur, Napoléon, qui narrait volontiers cet épisode, n'oubliera jamais la famille du comte de Marbeuf (mort deux ans après l'épisode de Brienne, en 1786). Il marquera sa reconnaissance en maintes occasions à la veuve de son bienfaiteur ainsi qu'à son fils... son demi-frère ?

La question que se posait le brillant général sur son hérédité militaire, alors qu'il voguait vers les pyramides et ses lauriers égyptiens, restera toute sa vie dans la tête de Napoléon. Preuve en est qu'il fit faire des recherches à Sainte-Sève dans le Finistère, pays de « Léon » (Mabaléon = fils du Léon ?), où la famille Marbeuf possédait un domaine... Le curé de Sainte-Sève aurait même révélé, dans les années 1840, que Napoléon serait né en Bretagne et non pas à Ajaccio. Fait invraisemblable... mais, ce qui est curieux, les feuilles du registre des naissances de cette époque ont été arrachées à Sainte-Sève... et coïncidence aggravante, celles du registre d'Ajaccio aussi... (?)

Nul ne saura sans doute jamais la vérité sur l'hérédité militaire de Napoléon, à moins qu'un jour... avec des mèches de cheveux de l'Empereur et un petit reste du comte de Marbeuf, l'ADN, cette détrousseuse d'hérédité, ne vienne troubler l'ordre historique établi... [5]

Alors là ! Napoléon, gloire de la Bretagne !... Quel effet Marbeuf !

---

5. Aux dernières nouvelles (janvier 2012), des analyses ADN viennent d'être faites à partir d'une mèche blonde de l'empereur et d'un des descendants de son frère Jérôme, le prince Charles Napoléon. Et... surprise ! Si la même souche déterminée éliminerait la thèse Marbeuf, elle ouvrirait un autre point d'interrogation : les Bonaparte viendraient du CAUCASE... Voilà du nouveau blé à moudre pour les chercheurs de trésor : Napoléon descendrait de Gengis Khan... par la Bégum ?

CETTE GUILLOTINE QUE RENIA GUILLOTIN

– Le couperet siffle, la tête tombe, le sang jaillit, l'homme n'est plus…

Un temps, Guillotin savoure son effet. L'Assemblée législative réunie en ce 10 octobre 1789 est tout ouïe. En effet, le mouvement révolutionnaire né à Versailles par le Serment du Jeu de Paume a le devoir « d'humaniser la peine de mort » (*sic*). C'est dans ce but que le docteur Guillotin a déposé un rapport tendant à l'unification du procédé punitif. À l'époque, on pend, on coupe à la hache ou à l'épée, on brûle sur le bûcher, on écartèle, on fusille, on roue le condamné à coups de barre, on plonge le faux-monnayeur dans l'huile bouillante, plus la « question ». Que des bluettes ! Emporté par son enthousiasme, l'orateur veut enlever le morceau.

– Avec notre machine, citoyens, nous ferions sauter vos têtes en un clin d'œil et vous ne sentiriez qu'une très légère fraîcheur sur le cou… à peine un souffle !

Au lieu du silence attendu, un rire fuse, puis deux. S'ensuit un fou rire général provoqué par cette envolée grandiloquente sur un sujet aussi tranchant.

La goutte d'eau qui fait déborder le vase. Quelques lazzis plus loin, la proposition est refusée et le rapport classé.

Mais le Dr Guillotin ne lâche pas prise. En janvier 1790, il fait adopter une loi qui décrète « le même supplice pour tous. *Chaque criminel condamné sera décapité par l'effet d'un simple mécanisme.* »

Il y aura bien quelques tentatives d'abolition pure et simple de la peine de mort, comme celle de Le Peletier de Saint-Fargeau, soutenu par Robespierre (lui-même victime du « rasoir national »), repoussées par les députés. Enfin, l'article 3 du Code pénal de juin 91 supprime les supplices avant l'exécution de la sentence et décrète : *Tout condamné à mort aura la tête tranchée.* (Phrase célèbre rabâchée par Fernandel dans *Le Schpountz* de Pagnol.)

Ce n'est pas au rapporteur Guillotin que l'Assemblée demande de mettre au point la machine à décapiter, mais à un certain Dr Louis. Celui-ci prend modèle sur une vieille invention écossaise qui date du XIIe siècle. C'est un couperet en forme de demi-lune coulissant entre deux montants de bois que l'on fait tomber sur la nuque d'un patient, tenu par les cheveux, en dessous. Avec les conseils du bourreau Sanson, le Dr Louis fait fabriquer une première machine à décapiter et, le 29 mars 1792, le roi Louis XVI appose sa signature au bas de la loi qui adopte cette « *machine à trancher la tête des condamnés* ».

Quelques semaines plus tard, un premier prototype est monté. En présence du Dr Guillotin, le Dr Louis procède aux premiers essais sur des moutons, puis sur des cadavres. Sur suggestion, dit-on, du roi, lui-même grand bricoleur, on change le couperet en forme de croissant par une lame en trapèze oblique beaucoup plus « tranchante » et, le 25 avril 1792, répétition générale, place de Grève, devant l'Hôtel de Ville, sur un criminel condamné à mort.

La foule des grands jours s'est déplacée. Les fenêtres des maisons qui bordent la place sont noires de monde. La place elle-même fait le plein devant des soldats qui font rempart autour de cet étrange portique que l'on appelle la « Louisette », en hommage à son inventeur, le Dr Louis.

Mouvement de foule, on traîne le supplicié qui, pour la première fois, est parfaitement conscient, puisqu'il a échappé aux supplices des « brodequins », de « l'entonnoir à eau » ou des « tenailles rougies au feu » prodigués jusque-là en guide de « hors-d'œuvre variés ». Sous les insultes et les jets de fruits pourris, Nicolas Pelletier, condamné pour vol et tentative d'assassinat, gravit les marches de l'estrade fatale.

– Ouais à mort ! crie la foule

On voit les aides coucher le patient, le bourreau tire sur une manette, la tête tombe d'un côté, le corps de l'autre… Les paniers, tapissés de sciure, se referment. La foule devenue silencieuse s'interroge.

– Alors, c'est fini ?

– Mais on n'a rien vu !

– Ouais, on s'fout du monde !

Protestations de toutes parts. Ça s'est passé si vite que personne n'a eu le temps de réaliser. Alors, on hue le bourreau qui descend avec ses assistants portant les paniers. Les soldats retiennent quelques excités qui insultent les exécutants des hautes œuvres et veulent les frapper. Heureusement, la porte de la Maison aux Piliers (Hôtel de Ville) n'est pas loin et se referme prestement derrière eux.

Pour une première, c'est un vrai bide. Le « brave peuple » n'a pas eu le spectacle auquel il était accoutumé. C'est la consternation totale.

– Si c'est ça la « Louisette » ! Mon grand-père nous racontait Cartouche roué vif sur sa roue de charrette ! Ça, c'était d'la peine capitale.

On améliora le spectacle en haussant l'échafaud, en réduisant le nombre d'aides autour du condamné et en présentant, à bout de bras, la tête coupée au public.

Et la « Louisette » ou « Louison » poursuivit son œuvre vengeresse, changeant parfois d'appellation au gré des événements : à la mort de Mirabeau, « Mirabelle », puis le « rasoir de la nation ».

De temps en temps, des députés parlèrent de la « machine à M. Guillotin », aussitôt rappelés véhémentement à l'ordre par l'interpellé.

– Je ne suis en aucun cas l'inventeur de cet instrument qui date d'ailleurs de plusieurs siècles. Je ne suis que le citoyen qui a proposé d'humaniser la peine capitale et de l'unifier avec un appareil mécanique, le même pour tous.

C'est à l'Assemblée que les journalistes, parfois « asticotés » par le Dr Guillotin pour leur interprétation souvent fantaisiste des débats, vont imposer peu à peu le mot « guillotine », sachant que cela dérange le docteur d'entendre son nom accolé indûment à la « cravate à Capet ».

Et le mot va finir par s'imposer définitivement. Malgré de grands services rendus dans le domaine de la médecine, le Dr Guillotin laissera son nom définitif à ce symbole de mort sanglante qui, depuis Nicolas

Pelletier le 25 avril 1792 jusqu'à Hamida Djandoubi en 1977, aura « raccourci » près de 19 000 condamnés.

– La tâche involontaire de ma vie ! dira Guillotin, mort en 1814, après avoir été l'artisan de la vaccination obligatoire des soldats contre la variole… Il avait soixante-seize ans.

Victor Hugo, avec ce sens inné de la synthèse qui le caractérise, dira : *Il y a des hommes malheureux. Christophe Colomb n'a pu attacher son nom à l'Amérique et Guillotin détacher le sien de cette invention diabolique.*

SAUVÉ PAR BONAPARTE… UN SIÈCLE APRÈS !

– Cet homme dit avoir une lettre pour vous, mon lieutenant.

– Une lettre ? Et d'abord, d'où sort-il celui-là ? Personne ne peut plus nous approcher, impossible de sortir, les Turcs nous assiègent de toutes parts.

Redoutant un piège, le lieutenant Marchal va brandir son arme lorsque le vieil Arabe, échappant à la prise du soldat, tombe à genoux.

– Tu es le capitaine Marchal ?

– Capitaine, pas encore, mais Marchal, assurément.

– Ah ! Marchal ! C'est bien toi : Marchal ? Allah est grand…

Et l'homme d'embrasser les pieds du lieutenant en marmonnant des prières de reconnaissance au Très Haut, puis, se relevant enfin, le visage baigné de larmes, il sort de sous son burnous un parchemin, jauni par le temps, qu'il tend à l'officier médusé. Sur le pli, formant enveloppe, il lit, d'une écriture à peine lisible tellement l'encre est délavée : « Capitaine Marchal ». CAPITAINE ? Ce grade lui rappelle le nom d'un aïeul gravé sur une "épée d'honneur" suspendue au-dessus d'une porte chez ses parents… NON ! Ce n'est pas du domaine du possible, et pourtant, ce vieux parchemin ? Encouragé par le regard extatique du vieil Arabe, Marchal brise ce qui reste de sceau et déplie le parchemin. Au bas s'étale une signature large et volontaire qui éclate comme un éclair dans la tête du jeune militaire : signé BONAPARTE. Il balbutie :

– Qui t'a donné ça ?

Avec des mots hachés, entrecoupés de mimiques, l'homme raconte alors cette histoire incroyable, mais authentifiée par le parchemin.

1798, Bonaparte est en pleine campagne d'Égypte avec le succès que l'on sait. La guerre avec certaines tribus persiste et un message d'un de ses officiers, le capitaine Marchal, lui fait savoir que, « coincé » dans un fortin adossé à la montagne, il demande des secours de toute urgence. Bonaparte a près de lui le sheik Maluck, âgé de vingt-deux ans, tout dévoué à sa cause. Il le charge donc de remettre « en mains propres » une lettre au capitaine Marchal et Maluck jure sur sa vie de la lui donner... Arrivé au fortin par des chemins détournés, le jeune messager trouve le fort vide, déserté. En fait, voulant échapper à l'ennemi, Marchal et ses hommes seront exterminés et leurs corps retrouvés dans le désert du Sinaï, atrocement mutilés. Recueillis pour être inhumés décemment, leurs restes seront rapatriés en France.

Et c'est là que la réalité dépasse toute imagination. Honteux d'avoir failli à sa parole, le sheik Maluck ne va pas oser retourner près de Bonaparte, mais va, toute sa vie, revenir périodiquement au fortin, espérant un retour insensé du capitaine Marchal pour lui remettre sa missive et libérer ainsi sa conscience. Mission devenue obsessionnelle au point que, à la veille de sa mort, âgé de quatre-vingt-dix-huit ans, il va faire promettre à son fils Maluck II (quarante-huit ans) de tenir sa parole. Et son fils va aller, comme son père l'avait fait, périodiquement au fortin pour remettre « en mains propres » la fameuse lettre au capitaine Marchal.

Voilà comment par un hasard rocambolesque, quarante ans après la mort de Maluck, le fils du messager de Bonaparte pouvait remettre à l'arrière-petit-fils de son destinataire la précieuse lettre toujours cachetée.

N'en croyant pas ses yeux, le lieutenant Marchal, qui connaissait le tragique destin de son aïeul, avait en main la missive qui ne lui était jamais parvenue... ET QUI ALLAIT LE SAUVER, LUI ET SES HOMMES.

En effet, informé d'un passage secret qui reliait le fortin à un sentier dans la montagne à laquelle il était adossé, Bonaparte indiquait sur sa lettre un plan de repli avec des points d'eau qui allaient permettre à l'arrière-petit-fils du capitaine Marchal d'éviter le sort auquel lui-même n'avait pu échapper.

Incroyable histoire, qu'on m'a dit parfaitement authentique laquelle, par l'entêtement qu'on peut qualifier d'insensé de deux hommes, allait sauver en 1915 un groupe de soldats, grâce à une lettre de Bonaparte, adressée en 1798 à un capitaine dont l'arrière-petit-fils se trouvait au même endroit, par le plus grand des hasards.

Avant de quitter les soldats qu'il venait de sauver en les guidant dans la montagne, le vieux Maluck II montra au lieutenant Marchal deux pièces d'or que lui avait remises son père en même temps que la lettre de Bonaparte.

– C'était le prix donné par le général pour le service rendu… Mon père m'avait fait jurer de ne les dépenser que si j'avais rempli à bien ma mission. Je peux dire que c'est chose faite. Je vais les donner à mon petit-fils. Il veut faire ses études à Paris. Je lui dirai d'aller te voir, il n'est pas plus bête que moi, il arrivera bien à te retrouver.

L'histoire ne dit pas si la rencontre eut lieu… mais il est étonnant de penser qu'un homme est put dire il y a quelques années :

– C'est grâce à une lettre de Bonaparte que mon grand-père a reçue cent dix-sept ans après, en 1915, qu'il a pu échapper à une mort certaine…

Comme quoi la réalité peut parfois dépasser, et de loin, la fiction.

LE « CHEVALIER MYSTÈRE » DE LA PLACE DES LICES À RENNES

Dans un fracas abominable de ferraille froissée, le chevalier vient de mordre la poussière. Un hurlement de joie salue cette troisième victoire du « chevalier inconnu » qui soulève autant d'enthousiasme que de points d'interrogation quant à son identité.

Nous sommes à Rennes, place des Lices, en 1337 et, comme son nom lui est resté, la mode des tournois faisait de ce lieu le rendez-vous de toute la chevalerie bretonne, soucieuse de paraître la meilleure.

En ce jour de liesse, on célèbre dans la capitale bretonne le mariage de Charles de Blois et de Jeanne de Penthièvre, duc et duchesse de Bretagne. Une bonne dizaine de chevaliers nobles des environs se sont inscrits pour le tournoi en question. Tous sont connus, sauf un qui s'est présenté avec un masque noir de bourreau. Le chef ordonnateur des combats, étant seul habilité à engager les participants, a eu en aparté un entretien avec le cavalier masqué, à la suite de quoi, un petit sourire au coin des lèvres, il l'a inscrit au nombre de joueurs sous le nom de « chevalier mystère ».

L'ordre des rencontres étant tiré au sort, pour les deux premiers, le gagnant reste en lice tant qu'il n'est pas désarçonné ou qu'il n'abaisse sa lance en signe d'abandon devant son adversaire.

Or, le chevalier mystère, appelé parmi les deux premiers, vient de remporter sa troisième victoire. C'est du jamais vu. Les spectateurs sont d'autant plus déchaînés que les trois premiers chevaliers mis à terre sont connus pour être d'habiles jouteurs, aux palmarès impressionnants. C'est l'Ange Blanc des grandes années du catch à l'époque noir et blanc de notre télé avec Claude Darget !

Les trompettes sonnent. Tandis qu'on aide le vaincu à se relever au milieu de ses « casseroles » cabossées et qu'on débarrasse le terrain des morceaux de lances de bois brisées, le chevalier suivant, un peu perplexe, se met en place. Le héraut de service, à la voix de stentor, clame son identité.

– Robert du Guesclin, seigneur de la Motte-Broons.

C'est un solide guerrier dans la force de l'âge, formé à la rude vie des chevaliers de ce temps lointain. Dans la tribune officielle, Jeanne, son épouse, ne décolère pas. Comment a-t-on pu autoriser un inconnu à se mêler de combattre d'authentiques chevaliers pour les voir humiliés de la sorte ? Elle s'en est plainte à la duchesse Jeanne qui ne semble pas s'en offusquer, au contraire. Comme le bon peuple, elle trouve le combat piquant et a hâte de connaître le visage de ce « chevalier mystère » qui fait merveille au combat.

Nouvelle sonnerie de trompes, après quoi ce sera le départ des deux jouteurs au galop, le point de choc ayant lieu au mitan devant les tribunes...

Mais que se passe-t-il ? Avant que les trompes n'aient cessé de sonner, l'inconnu fait avancer son cheval au pas en direction de son adversaire. Un murmure d'étonnement parcourt l'assistance. À l'autre bout de la lice, Robert du Guesclin, lance dressée, remonte la visière de son heaume.

Dans la tribune, Jeanne, sa femme, regarde l'inconnu avec une extrême attention... Ce cheval aux quatre « chaussettes » blanches et ce caparaçon dont on a camouflé les armoiries... Et cette silhouette sous son armure... Ce n'est pas possible... Le chevalier mystère est arrivé maintenant devant les tribunes, il a arrêté son cheval et baisse sa lance vers le sol en signe de renoncement.

À l'autre bout, Robert du Guesclin, ne comprenant rien à cette soumission, s'avance à son tour au petit trot.

L'inconnu jette sa lance et retire son heaume qu'il jette aussi à terre, puis il enlève le masque noir de bourreau qui lui dissimule les traits. Son visage apparaît en pleine lumière.

Jeanne du Guesclin s'est levée, ses deux mains pressées contre sa bouche empêchent l'émotion qui l'étreint de s'exprimer.

Robert du Guesclin, arrivé à hauteur de son adversaire soumis, s'est arrêté, pétrifié à la vue du visage qui s'offre à lui.

– Toi ? Mon fils !

– Bertrand..., balbutie la dame du Guesclin en tombant dans les pommes à cidre.

En un instant, le nom du « chevalier mystère » fait le tour de la place des Lices.

– Bertrand du Guesclin, dix-sept ans, le fils de Robert, seigneur de la Motte-Broons.

Maintenant à visage découvert et descendu de son destrier, le jeune homme qui fait allégeance devant son père est reconnaissable entre mille.

De Rennes à Dinan et de Brest au Mont Saint-Michel, on ne vit jamais enfant plus laid, dit la chronique. Haut comme trois pommes à couteau, mais d'une carrure exceptionnelle avec des bras démesurés, Bertrand du Guesclin, avec sa tête en boulet de canon et ses cheveux de genêt à balai, avait en plus la peau noire comme un sanglier. Un vrai prince charmant quoi !

Nerveux, irascible, aimant la bagarre, rusé comme une fouine, quoi de plus naturel que ce jour-là, ayant été laissé enfermé dans sa chambre, il se soit évadé, à l'insu de la domesticité du château de la Motte-Broons, pour venir s'engager dans le tournoi et épater tout le monde ?

Ce fut, à dix-sept ans, son premier exploit notable et ce ne fut pas le dernier.

Les autres seraient trop longs à énumérer tant sa vie d'homme de guerre fut fertile en réussites de toutes sortes au service du roi de France. Les Anglais et leurs alliés vont redouter ses assauts qu'il mènera avec une rage de chien enragé, le faisant surnommer le « Dogue noir de Brocéliande ». Fait prisonnier plusieurs fois, le roi Charles V le Sage ne va pas hésiter à verser chaque fois plus de 100 000 livres tournois pour le faire libérer.

Tout est bon au Breton pour enlever une place forte. Niort étant impossible à investir sans des pertes inconsidérées, il déguise sa petite troupe avec des uniformes empruntés à des Anglais prisonniers. Mettant en tête des lieutenants maîtrisant parfaitement la langue de Shakespeare, il entre dans la place… La suite est un jeu d'enfant. (Avait-il lu *La Guerre de Troie*?)

Sillonnant la France en long et en large, la hache au poing (il la préférait dans les combats à l'épée), du Guesclin conquit la Castille et ses faits d'armes innombrables en firent une légende vivante. D'une personne susceptible et belliqueuse, on dira « c'est un vrai du Guesclin ».

À soixante ans, alors que l'âge de la retraite a largement sonné pour tous ses collègues, il bataille encore et, faisant le siège de Châteauneuf-de-Randon en Lozère, après un assaut en plein soleil, il se désaltère longuement à l'eau fraîche d'un puits profond. Ce chaud-froid lui sera fatal. En hommage à sa vaillance, le gouverneur de Châteauneuf viendra déposer les clés de la ville assiégée sur son cercueil.

Estimant que son engagement auprès du royaume de France lui octroie le droit d'être considéré « de la famille », le roy le fera inhumer dans la basilique de Saint-Denis où l'on peut voir aujourd'hui son gisant de marbre…

Ce fut sans aucun doute l'un des plus grands capitaines de notre histoire, mais c'est vrai aussi, quand on regarde son gisant… ce n'était pas un jeune premier.

RODIN ET NIJINSKI : DODO SUR LE MÊME DIVAN

Nijinski, un nom qui évoque la danse à l'état pur. Aujourd'hui encore, ses sauts sont réputés inégalés pour l'impression « d'arrêt dans l'espace » qu'ils donnaient aux spectateurs. Cette sensation d'apesanteur, obtenue au prix d'un effort physique exceptionnel, était renforcée par la capacité qu'avait le danseur à se réceptionner en douceur et tout en souplesse comme sur un matelas pneumatique. Du grand art.

Rodin, le grand faune de la sculpture révolutionnaire d'alors, séduit par le pensionnaire des ballets russes de Diaghilev, dont Nijinski était également l'ami de cœur, le fait venir un jour dans son atelier pour fixer ses arabesques à l'aide de terre glaise que le sculpteur aimait pétrir dans le mouvement.

Une partie de la matinée, Nijinski exécute donc des sauts et des entrechats devant un Rodin excité comme un pou.

Ayant pétri une série de mouvements tout à fait étonnants (toujours visibles au musée Rodin), le grand faune barbu invite le jeune faune imberbe à se restaurer… L'art bondissant, ça creuse !

Que s'est-il passé ? Combien de bouteilles de bon vin furent séchées ? Personne ne le dira… pas même Rose « Beuret » (Mme Rodin alors absente).

Toujours est-il que sur le coup de 15 h, Diaghilev, soucieux de ne pas voir son ami revenir, déboule en trombe chez Rodin, bouscule le personnel et trouve le sculpteur ronflant comme un sonneur sur un divan avec Nijinski dormant à ses côtés.

Fou de jalousie, le patron des Ballets russes réveille tout le monde, traite Rodin de tous les noms d'oiseaux, qu'ils soient russes ou français, et repart en compagnie d'un Nijinski un peu piteux et pas très en forme.

La nouvelle fit bien sûr le tour de Paris.

– Rodin ne s'intéresse pas qu'aux dames…

Le sculpteur, vexé de la situation délicate dans laquelle il avait été trouvé, jura ses grands dieux n'avoir jamais eu d'autre raison de s'allonger sur ce divan, en compagnie du beau et jeune danseur, que pour faire la sieste.

– Nous avions pas mal célébré Bacchus et j'ai éprouvé le besoin de célébrer Morphée, Nijinski m'a imité, voilà tout…

Mais le « mâle » était fait. Bon nombre de méchantes langues propagèrent le doute au point de vexer le vieux faune, amateur du beau sexe… jusque-là !

Rodin fut si marri dans son amour-propre que, de ce jour-là, il renonça à toute boisson alcoolisée, il se mit à l'eau et au régime lacté, ce qui n'est pas une preuve en soi…

– C'est pour racheter « sa faute », dirent les médisants… à moins qu'ils ne furent des envieux !

LES EXCUSES DE FRÉDÉRIC LEMAITRE

– Pour l'amour de Dieu, Frédéric, faites-leur des excuses. Écoutez-les ! Ils vont tout casser... Ils étaient « mauvais » je vous l'accorde, mais était-ce une raison pour les traiter de « bande d'imbéciles » ? Vous auriez pu le dire en coulisse... Non mais écoutez ça... Le régisseur et les machinos, au proscenium, ont toutes les peines du monde à les empêcher de monter sur la scène... Ils vont mettre le feu, ça, c'est sûr...

Assis à sa table de maquillage, Frédéric Lemaître, le grand Frédéric, l'immense vedette du Boulevard, se démaquille, sourd aux jérémiades du directeur, et grommelle :

– Remboursez, vous me retiendrez ça !

– Mais vous n'y pensez pas et c'est pas ça qu'ils demandent... Entendez-les ! « Des excuses ! Des excuses ! »... Vous les avez humiliés, vous vous devez d'aller leur parler.

– Ils sont trop bêtes !

– Sûrement, mais...

Et ça risque de s'éterniser. Frédéric Lemaître sait bien qu'il ne s'en tirera pas en restant dans sa loge. Il est trop fin pour ne pas savoir qu'il a tort. Un public « mauvais », ça n'existe pas. Si un soir « ils sont moins bons », c'est que le courant que les acteurs réussissent à faire passer d'habitude ne passe pas, parce qu'ils sont, eux, les acteurs, moins bons.

C'est évident et comme ils cherchent à rétablir le contact, ils en rajoutent, et c'est encore moins bon… C'est ce qui s'est passé ce soir-là jusqu'au moment où, excédé des quolibets et des sifflets, le grand Frédéric a craqué, il s'est planté face à la salle et a lancé :

– Bande d'imbéciles !

Puis, dans un grand mouvement de moulinet avec sa canne, il est sorti, d'abord dans un silence de stupéfaction, auquel un hourvari a succédé tandis que le rideau tombait à sa demande expresse.

C'est qu'il a sa fierté, le Frédéric, et pour cause. Il est considéré comme le meilleur comédien de son temps. Il remplit les salles comme peu d'acteurs l'ont fait depuis des lustres. Il fut l'acteur préféré de Victor Hugo pour lequel il a créé *Ruy Blas*, *Lucrèce Borgia*. Alexandre Dumas lui a écrit le rôle de *Kean*, il a joué *Hamlet*, remettant Shakespeare à la mode.

Il a surtout, le Frédéric, secoué le monde du théâtre mélo en ridiculisant *L'Auberge des Adrets* au grand dam des auteurs, ainsi que l'a si bien décrit Prévert dans *Les Enfants du paradis*[6] de Carné.

Car la scène où l'on voit Brasseur (magnifique Lemaître) refuser de mourir et tuer le gendarme venu l'arrêter puis dire : « Les vrais coupables, ce sont eux là, dans la loge, les auteurs, regardez-les ! », cette scène est parfaitement authentique. Frédéric Lemaître avait préparé les apartés en douce avec son partenaire, sans le dire aux autres acteurs… Résultat, une panique sur scène qui déchaîna les hurlements de rire du public. Une « caméra invisible » irrésistible au détriment des protagonistes qui continuaient de jouer la pièce imbécile qu'ils avaient répétée.

Évidemment, le lendemain, Frédéric Lemaître changea les effets, en y introduisant d'autres répliques et en y mêlant l'actualité colportée par les gazettes. Le rôle de Robert Macaire devint synonyme de farceur qui piège les acteurs sur scène, avec parfois des fous rires qui duraient des scènes entières.

« Bon, maintenant, qu'est-ce qu'il se passe dans la pièce ? », disait Lemaître, et les acteurs reprenaient leurs répliques jusqu'au prochain gag, indépendant de l'action.

---

6. J'ai eu la chance de faire, en 1943 (j'avais quinze ans et j'étais apprenti comédien), de la figuration dans *Les Enfants du paradis*. Je suis à la droite de Gaston Modot au paradis où l'on me voit le temps qu'il lance à l'adresse de Jean-Louis Barrault : « Salut Baptiste ! »

Ce fut ce qui lança définitivement la carrière du grand Frédéric, lequel outrepassa parfois les limites de la provocation. C'est ainsi qu'un soir, sous Louis-Philippe (qui, avec ses favoris, avait une tête en forme de poire), il se fit très exactement la tête du roi, provoquant des réactions diverses, au point que les gendarmes et un commissaire vinrent interrompre la représentation. Une autre fois, se mettant à genoux pour prier devant un crucifix, il dit : « Notre Père qui êtes... dans la lune ! »

Oh là ! Scandale pour les uns, rigolade pour les autres.

C'est un peu ce qui s'était passé ce soir-là, en voulant rétablir l'équilibre du spectacle, devant un public sans doute un peu plus difficile que d'habitude. À l'époque, on avait coutume de lancer des réflexions, des lazzis, sans que cela trouble totalement l'ordre des choses. Ce soir-là fut sans doute particulièrement houleux jusqu'au moment où Frédéric, le grand Frédéric, péta les quinquets.

– Bande d'imbéciles !

Conscient de l'erreur qu'il avait commise, et sachant qu'il ne s'en sortirait pas comme ça, Frédéric repousse sa chaise et se leve devant sa table de maquillage.

– D'accord. Ils veulent des excuses ? Ils vont les avoir !

Le directeur lui baise les mains, Frédéric le repousse. Arrivé sur la scène, il écarte le rideau et paraît le visage fermé. Cris divers. À chaque invective, en silence, Frédéric tourne la tête et regarde en direction de l'interpelleur. Une fois, dix fois...

– Silence quoi !, crie une majorité de spectateurs.

Et ça dure. Un cri, un regard... Enfin, le silence se fait, total. Alors, de cette voix bien placée avec cette articulation parfaite propre aux vrais comédiens, Frédéric Lemaître dit :

– Mesdames, Messieurs... Je vous ai traités de bande d'imbéciles... (Un temps.) *C'est vrai.* Je vous fais mes excuses... (Autre temps.) *J'ai tort...*

Puis, il disparaît très digne dans un silence dubitatif...

Mais déjà le rideau se levait et la fin de la pièce se jouait. Il n'y eut pas de rappel... mais la recette était sauvée, n'était-ce pas là l'essentiel !

BOURDALOUE CONFIDENCES

« Nous dînions l'autre soir chez des amis très chers,
D'un gigot « près salé », croûté du plus beau roux,
Quand l'hôtesse apporta une fine saucière
Qui me fit m'extasier : « Oh ! le beau Bourdaloue ! »

La FDMV[7], en face de moi, fut soudainement prise d'une de ces quintes de toux intempestives qui accaparent toutes les attentions, me faisant regretter mon exclamation admirative irraisonnée. Elle avait bien raison. Qu'avais-je eu besoin de faire état, chez ces amis charmants, de mes connaissances anecdotiques ? (Non pas en vers, comme ci-dessus – ça me pique comme ça de temps en temps ! –, mais en belle et bonne prose : « Oh ! le beau Bourdaloue ! ») La quinte de toux apaisée, pour tenter de faire diversion, j'enchaînai sur « l'engouement : avaler de travers, qui en fait vient du verbe "s'engouer", s'étouffer en avalant trop vite par le trou de la prière… » et de raconter qu'une fois, après avoir mangé des huîtres sauce vinaigre-échalotes…

La diversion finie, j'osais espérer que mon « Bourdaloue » allait passer à la trappe… Je t'en fiche, quelques instants plus tard, en me tendant la saucière, notre hôtesse me dit :

– Pourquoi Bourdaloue ?

---

7. FDMV : Femme De Ma Vie. 50 ans de bonheur !

Le regard, encore embué, de la FDMV me fit faire une pirouette acrobatique historique. Ces lignes, qui vont forcément tomber sous les yeux de nos amis, vont les dessiller. (Pardon !)

– Bourdaloue était le prédicateur des rois sous Louis XIV. On le disait grand amateur de « bonne chaire et de bonne chair ». Ne lui doit-on pas les fameuses poires Bourdaloue ? Il adorait les plats en sauce et chacun possédait sa saucière individuelle, donc plus petite que les saucières classiques, mais fort bien décorées comme c'est le cas de celle-ci…

Le regard reconnaissant de mon épouse me récompensa de cette version très lointaine de la vérité historique que voici : (Repardon !)

Si Bourdaloue était bien le prédicateur des rois, ses sermons étaient très torturés et surtout très longs. (Pour mieux se concentrer, il prêchait les yeux fermés.)

Ses qualités d'orateur brillant firent que Louis XIV, malgré tout ses débordements très pieux, le pria souvent de venir prêcher le carême à la cour de Versailles. Comme il était de bon ton d'y « paraître », les dames nobles se pressaient dans la chapelle du château où, prisonnières du lieu, elles prirent l'habitude d'y venir avec, dans leur manchon, un vase tout en longueur assez étroit avec une anse pour soulager leur vessie quand elles n'y tenaient plus. Par dérision, on appela ce pot de chambre miniature un Bourdaloue.

L'objet étant presque toujours joliment décoré, il est plus facile à vendre comme « saucière » que comme « pot de chambre »… Alors, les antiquaires vous « laissent venir »… C'est humain.

Mensonge moins évident que pour les huiliers-vinaigriers de table, dont les deux petites carafes, posées sur un support de bois, sont généralement marquées V et H… Vinaigre, huile ce qui, dit-on, méritaient une précision du genre :

– Comme vous pouvez le voir, celui-ci faisait partie d'un service ayant appartenu à… Victor Hugo. V. H. !

Heureusement que les « Bourdaloue » n'avaient pas écrit dessus PDC, comme « pot de chambre », car on aurait eu droit aux saucières qui ont eu les honneurs de la table du « prince de Condé » alors qu'il s'agissait, plus prosaïquement, de la lune d'une courtisane.

LE LONG MARÉCHAL LEFEBVRE

À l'issue d'un conseil de campagne entre généraux, dans un château, l'Empereur se lève :

– Ce sera tout, Messieurs !

Napoléon se dirige vers une patère où est accroché son célèbre petit chapeau gris. Comme c'est un peu haut et que l'Empereur se met sur la pointe des pieds, Lefebvre se précipite :

– Permettez, Sire, je suis plus grand que vous !

Alors, Napoléon, prenant son chapeau des mains de son maréchal et plantant un regard malicieux dans celui de son vis-à-vis :

– Vous voulez dire « plus long », Lefebvre !

LAMARTINE, SON CHIEN, SES GANTS

Lamartine, poète, romancier, homme politique, dont l'œuvre est un peu tombée dans le lac de l'oubli, était un grand séducteur.

On raconte qu'un jour il reconduit une riche et charmante "fan visiteuse" à la grille du parc de son château de Saint-Point où l'attend un équipage. Comme il va ouvrir la portière, le poète s'aperçoit qu'il a oublié ses gants. Faisant sentir ses doigts au lévrier qui ne le quittait jamais, il dit :

– Allez Fido, va chercher mes gants !

Et d'expliquer fièrement et avec enthousiasme que ce chien est exceptionnel car il comprend tout ce qu'il lui demande.

– Regardez comme il a bien saisi ! Il va aller directement dans le petit salon que nous venons de quitter. Ils sont sur le petit secrétaire où je les ai déposés tout à l'heure en entrant.

De fait, quelques instants plus tard, alors que le grand poète attire l'attention de sa visiteuse sur l'harmonie du grand parc entourant sa propriété, Fido revient… portant fièrement dans sa gueule la culotte en dentelle de la dame, que celle-ci, dans son trouble, avait oubliée sur le divan.

Quand on n'a pas de tête, il faut… du flair.

LA STATUE DE LA LIBERTÉ, UN GADGET ?

– *Do you have your gadget ?*

Cette question posée lors de l'inauguration de la statue de la Liberté à New York nous aurait donné ce mot attribué à un objet curieux, généralement sans utilité : gadget. Incontestablement, l'un des tout premiers monuments symboles de notre époque, devenus représentatifs d'un pays, fut la statue de la Liberté, brandissant son flambeau cent mètres au-dessus de l'océan. La tour Eiffel ne fut construite que cinq ans plus tard, et il est curieux de constater que c'est le même Eiffel qui fut chargé d'imaginer et construire le squelette interne de cette Liberté-là.

Bien sûr, on dit « la statue de Bartholdi » puisque c'est lui qui imagina et mit en scène cette dame au visage sérieux qui accueille le monde ancien, sur le nouveau en brandissant sa lumière. C'était d'ailleurs une idée qu'il avait eue depuis quelques années déjà, non pas pour l'Amérique mais pour l'Égypte, à l'occasion du percement du canal de Suez.

La même statue gigantesque d'une femme égyptienne vêtue d'une « fallaha », brandissant sa torche-phare au-dessus du canal :

L'Égypte apportant la lumière à l'Asie.

Le projet ayant sombré dans les eaux du canal, le sculpteur alsacien, qui avait déjà fait une statue de La Fayette pour un square de New York et le fameux lion de Belfort, replace opportunément son projet.

C'est Édouard Laboulaye, sénateur et professeur au Collège de France, qui vient de lancer l'idée d'une souscription nationale en vue d'offrir au peuple américain, *à l'entrée du port de New York une statue de la Liberté accueillant le monde*. Bartholdi se met aussitôt sur les rangs et peaufine son projet.

La statue ne sera pas coiffée du bonnet phrygien, symbole de liberté depuis l'esclavage antique, mais d'une couronne à sept rayons. Elle tient une tablette – la Loi et le Droit – dans sa main gauche, tandis que sa main droite brandit la lumière. (Symbole maçonnique : Bartholdi était « frère », tout comme Eiffel.)

Le projet accepté, les Américains se chargeront du socle et, dans un chantier parisien, Bartholdi et Eiffel construiront la statue en pièces détachées. Le chantier sera visité par toutes les personnalités de l'époque. C'est ainsi que Victor Hugo, un an avant sa mort, viendra voir ce symbole géant de liberté républicaine pour lequel il aura lutté et milité jusqu'au bout.

Montée et démontée à Paris, puis transportée dans son île où le socle édifié l'attend de pierre ferme, la dame de Bartholdi débarque en un puzzle géant de deux cent quatorze caisses à reconstituer.

La société Gaget-Gauthier, qui avait fabriqué la « peau de cuivre » recouvrant l'ossature de la Liberté, se rendit à pied d'œuvre pour rhabiller la « dame au flambeau » qui allait rivaliser avec le colosse antique de Rhodes.

Dans le contrat de base, il était écrit que *la statue est interdite de toute reproduction statue ou statuette, en métal, pierre, terre cuite, plâtre, etc.*

C'est alors qu'au cours d'une des nombreuses réunions préparatoires pour l'inauguration, fixée au 28 octobre 1886, quelqu'un d'inspiré lança en anglais :

– Et si on offrait aux principaux invités de marque une petite statuette de la Liberté ?

Au silence qui suivit, on mesura le poids et l'intérêt de la proposition. Quoi de mieux, en effet, que ce souvenir en réduction d'un tel événement ?

Bartholdi, c'était logique, aurait son nom gravé sur le socle et toucherait des royalties… mais qui se chargerait… ?

Monsieur Gaget, spécialiste en cuivre et en bronze, n'était-il pas là ? De toute façon, il faisait partie de la "famille"…

On ne pouvait pas non plus lui refuser d'apposer sa signature de fondeur en plus petit, sur un des côtés du socle : « Gaget ».

Beaucoup moins long à prononcer que Bartholdi. D'où le :

– *Do you have your gadjet'*... du début.

C'est une version intéressante de l'origine de ces gadgets qui apparaissent périodiquement entre les mains des écoliers ou des amateurs d'objets rigolos qui ne servent à rien, sinon à nous distraire quelques instants, comme les lunettes à essuie-glaces, la casquette avec ventilateur ou autres haricots sauteurs...

Depuis le 11 septembre 2001, on ne visite plus l'intérieur de la statue. C'est dommage. Vous n'aurez donc plus l'occasion, comme je l'ai fait voici des années, de pénétrer dans les parties intimes de la femme la plus célèbre du monde. Ça valait le coup ! C'était autre chose qu'un gadget.

SAINT EX ET LES GLAÇONS DU BON DIEU

Le 21 mai 1926, entre Cap Juby et Dakar, Mermoz est contraint d'atterrir en catastrophe dans le désert. Il est accompagné d'Araf, son mécano interprète arabe. À perte de vue, le sable et, au-dessus, un soleil écrasant. Ayant constaté l'impossibilité de réparer sur place, le pilote et son aide décident de partir à la recherche d'une éventuelle piste. Emportant un litre d'eau, quelques tomates et des boîtes de sardines trouvées à bord, les deux hommes vont errer pendant deux jours, et surtout deux nuits harassantes, dans un sable alternativement brûlant ou glacé. N'ayant trouvé aucune piste et craignant de se perdre définitivement, l'avion reste leur seule chance d'être repérés. Ils font demi-tour et ont la chance de se retrouver sous les ailes, à l'abri du soleil. Et l'attente reprend, interminable. Ils voient au loin passer des avions qui les recherchent sans doute. Mermoz refuse de mettre le feu au seul abri qui les protège du soleil, leur pire ennemi. Pour survivre, ils vont boire l'eau du radiateur…

Et puis un jour, une caravane maure les découvre, épuisés, morts-vivants. Réconfortés, remis sur pied, les contacts sont pris avec les autorités locales qui transmettent la nouvelle à l'Aéropostale.

– Mermoz est vivant. Aux mains d'une tribu maure qui demande 10 000 pesetas pour sa libération et celle de son mécanicien.

La nouvelle est accueillie à Cap Juby alors au Sahara espagnol comme un miracle. Toute l'équipe considérait Mermoz comme mort et perdu à jamais dans cette immensité du désert saharien. Amené au plus près par les autorités locales, à l'aérodrome de Cap Juby, on attend avec fièvre l'arrivée du héros. Une petite fête a été préparée : quelques guirlandes, une table-buffet et... l'irremplaçable champagne. Breuvage redoutable sous ces latitudes, à l'époque où les réfrigérateurs sont encore réservés aux privilégiés, vu leur chère rareté. Bien sûr, avec des sacs trempés et exposés la nuit, on arrive à lui donner une fraîcheur toute relative, mais c'est un pis-aller qui génère de la pisse d'âne.

Mermoz, le grand blond au sourire d'archange, fait son arrivée sous les ovations des amis au grand complet.

Parmi ceux-ci, Saint Ex, dit « Pique la lune » à cause de son nez en trompette, qui regarde « péter les anges » :

– Si tu savais c'qu'on est content de te revoir !

Ovations, congratulations, bruits de bouchons, toasts de circonstance.

– À la santé du revenant !

Mermoz porte le verre à ses lèvres, boit une gorgée et s'exclame :

– Mais, ma parole, c'est du champagne frappé !

Devant le point d'interrogation planté dans ses yeux, les regards convergent vers Saint Ex qui, modestement, regarde ailleurs.

– Comment tu as fait ?, demande Mermoz qui ne comprend pas.

Alors, montrant le ciel d'un index dénonciateur, Saint Ex avoue.

– Je suis monté emprunter de la glace chez le bon Dieu.

En effet, quelques heures avant le retour de Mermoz, Saint Ex avait fixé des bidons d'eau avec les bouteilles de champagne sur les ailes d'un avion. Puis il était monté au plus haut qu'il pouvait atteindre dans l'atmosphère, le temps que l'eau devienne si froide que des glaçons commencent à tinter.

Il était alors revenu, lui aussi réfrigéré, mais heureux de pouvoir donner à son ami, et chef de file, un toast digne de l'admiration qu'il éprouvait pour lui.

Mermoz disparaîtra dans l'Atlantique Sud en décembre 1936. Certains disent que ce fut mieux ainsi car, convaincu des idées hypernationalistes du colonel de La Rocque, n'aurait-il pas été une figure idéale pour la « collaboration » tant recherchée par les nazis ?

Saint Exupéry, lui aussi, disparaîtra en plein ciel en 1944, lors d'un vol de reconnaissance pour préparer le débarquement en Provence des armées alliées.

Sa gourmette sera retrouvée dans les filets d'un pêcheur en 1998 et son avion repéré récemment, en 2004.

Au fil des ans, l'auteur du *Petit Prince* était devenu amer, pour ne pas dire désespéré par l'avenir, qu'il voyait très sombre. Preuve en est la lettre qu'il adressa la veille de sa disparition à un ami, le 30 juillet 1944.

Si je suis descendu, je ne regretterai absolument rien. La termitière future m'épouvante. Et je hais leur vertu de robots. Moi, j'étais fait pour être jardinier.

Paroles d'un Prince !

CLEMENCEAU ET LES POINTS SUR LES I

On jouait ce soir-là dans un salon très parisien (pourquoi pas chez Sarah Bernhardt ?) aux « petits papiers ». Les invités ayant en main un papier et un crayon écrivaient leur définition d'un mot proposé par l'hôtesse. À la suite de quoi chaque définition changeait de main plusieurs fois, puis était lue à voix haute, le jeu consistant pour l'hôtesse à en deviner l'auteur.

Le mot-clé ayant été « Amour », c'est au tour de Clemenceau de lire le papier qui a échoué entre ses mains.

– L'amour est un ruisseau qui... (Un temps, le célèbre tribun a du mal à déchiffrer.) Un ruisseau... ah... qui reflète le... Quoi ? Ah non je me refuse à lire ça... Non !

On s'étonne, on s'interroge, l'auteur se dévoile, surpris.

– Mais si voyons, lisez, lisez.

Alors Clemenceau, s'excusant par avance auprès de l'hôtesse :

– L'amour est un ruisseau qui reflète... le cul !

Stupeur générale, l'auteur se récrie :

– Le ciel, j'ai écrit le ciel...

Logique, Clemenceau, l'œil goguenard :

– Ça vous apprendra, cher ami, à mettre les points sur les « i »...

COUDÉ DU FORESTO… ET LA « DAME »

L'histoire est sûrement apocryphe, mais tellement… rigolote.

Yvon Coudé du Foresto fut un ministre, un peu rigide, chargé des problèmes alimentaires dans l'immédiat après-guerre. La gauche retrouvait de l'appétit. On raconte qu'un soir, en 1948, pour les besoins de ses fonctions (?), il passe dans une rue chaude du IIe arrondissement de Paris. Abordé par une dame de petite vertu, il fait semblant de ne rien voir ni rien entendre.

– Tu viens chéri !, insiste la dame, lui emboîtant le pas.

– Non merci, je vous dis !

– Allez, beau gosse, j'te f'rai un prix, poursuit la « gagneuse » lui prenant le bras.

Excédé, l'homme politique, qui bénéficie alors d'un certain renom, s'insurge carrément et dit :

– Mais je suis Coudé du Foresto !

Alors, la dame, conciliante :

– Ça ne fait rien, on fera ça en chien de fusil…

COUTURE ET L'INVITATION AU CHÂTEAU

Le peintre portraitiste Thomas Couture était ce soir-là l'invité de Napoléon III, en son château de Compiègne, pour le week-end. L'impératrice Eugénie, qui avait pris soin de répartir elle-même les chambres, le voyant parader au milieu de tout un groupe, s'approche souriante et lui demande :

– J'espère, Monsieur Couture, que vous vous trouverez bien céans ?

– Certes, Votre Majesté, répond l'interpellé qui, vu le nombre excessif d'invités, a hérité d'une chambre sous les combles, d'autant plus que ma chambre me rappelle la mansarde où j'ai fait mes modestes débuts !

Ce fut, disait le peintre, une première et dernière invitation aux fastes de l'Empire de Badinguet.

LA MORT À QUELQUES SECONDES PRÈS

… *Condamné à la mort pas décollation, le sentence exécutoire aura lieu ce jourd'hui, dix-sept du mois de purification en l'an 1524 de notre ère. De par le Roy, François, Ier du nom.*

Tandis que l'aide du bourreau s'évertue à faire mettre le supplicié à genoux devant le billot, celui-ci jette des regards éperdus vers les rues qui débouchent sur la place de Grève et la Maison des Piliers (Hôtel de Ville) devant lequel l'échafaud a été monté.

Convaincu d'avoir trempé dans la « conspiration » montée par le connétable de Bourbon, Jean de Poitiers, seigneur de Saint-Vallier, a attendu en vain toute la nuit son recours en grâce.

Sa fille unique n'est autre que Diane de Poitiers, laquelle a épousé à quinze ans Louis de Brézé, dernier sénéchal de Normandie, bien en cour auprès de François Ier. Comme, de plus, Diane est considérée comme l'une des plus jolies dames de la cour, que l'on sait le roi grand amateur du beau sexe, la promesse d'un sursis faite à son père l'a fait espérer… en vain. On affirme que Diane, maintenant âgée de vingt-cinq ans et qui a donné deux filles à son vieux mari (près de quarante ans de plus qu'elle), est restée fidèle… jusque-là. La vie d'un père n'a pas de prix, c'est du moins ce que pensait Jean de Poitiers… jusque-là.

Car maintenant, à moins d'un miracle venu du ciel, tremblement de terre, ouragan dévastateur, étoile tombant dans la Seine, rien ne pourra plus arrêter le cours du destin.

– Jean de Poitiers, avez-vous quelque chose à dire ou à taire pour toujours ?

Que voulez-vous répondre à une telle question ? Surtout lorsque vous êtes à genoux devant le billot et que, derrière vous, le bourreau a saisi son épée de quatre pouces de large à deux mains.

– J'irais bien dire une p'tite prière à Notre-Dame ?

Non, d'abord ils ne voudraient pas et puis ça ferait rigoler le populo. Il vaut mieux rester digne, pour la postérité.

Devant l'absence de réponse, le commis de justice fait un signe. L'aide bourreau a saisi le supplicié par les cheveux pour lui plaquer la tête sur le billot, le regard tourné vers le calvaire, ultime vision obligatoire à toute exécution capitale. Le cou un peu raidi par la peur, Jean de Poitiers consent à se pencher en avant. Dans un silence de mort tombé sur les lieux, il lui semble entendre une galopade lointaine. D'un geste désespéré, il relève la tête…

Dans un même geste, les spectateurs lointains se sont retournés. Par une des rues pavées qui mènent place de Grève, un cavalier arrive au triple galop.

– De par le roi, place, place…

Le cheval et son cavalier se frayent un passage en force, bousculant la foule jusqu'au pied de l'échafaud.

– De par le roi, un message pour vous, Messire.

Dans un silence à couper à l'épée, l'homme de justice déroule le parchemin, y jette un regard, puis sa voix s'élève :

– Dans sa grande bonté, le roi ordonne votre grâce. Messire Jean de Poitiers, acceptez-vous cette clémence suprême ?

Comment ça s'il accepte ! On plaisante ou quoi ?

D'un bond, le père de Diane s'est dressé sur ses jambes. La foule, incrédule d'abord, prend conscience du miracle qui vient de se produire à une minute près. On hurle de joie, on remercie le Ciel.

– Dieu soit loué. Alléluia. Alléluia !

Même les plus incrédules sont bouleversés.

– M… alors !

Tandis qu'on délie les mains du « décondamné », le commis de justice s'approche et lui glisse à l'oreille :

– Seule la beauté de Diane pouvait fléchir la volonté du roi !

Alors, on raconte que l'on vit Jean de Poitiers baiser le bois du billot vierge de son sang et dire, les yeux plantés dans le ciel :

– Dieu soit loué pour sa miséricorde et béni soit le c… de ma fille !

Ah ! qu'en termes élégants ce *Te Deum*-là fut dit !

LES TRAITRES DE L'HISTOIRE : BAZAINE ?

– Traître ! Judas…

En France, l'archétype de l'individu qui manque à son honneur, c'est Judas. Tradition chrétienne douteuse (?) mais tenace. Judas, dit l'Iscariote, aurait trahi le Christ pour 30 deniers… Le « baiser de Judas » reste éloquent même si, à la réflexion, les sbires venus arrêter le célèbre trublion qu'était Jésus avaient eu la naïveté ou l'incompétence de s'élancer sur sa piste sans signalement préalable.

Un autre traître célèbre, de l'histoire de France cette fois, est Ganelon, ennemi juré d'un collègue, preux comme lui, de Charlemagne, Roland, lequel, attaqué à un contre vingt dans le défilé de Roncevaux, s'est pété les jugulaires en soufflant à « cor » perdu.

Le troisième traître pourrait être le maréchal Pétain… Je dis cela au conditionnel car j'ai encore dans mon souvenir la voix de mon père en 1941 après Pearl Harbor :

– De toute façon, on est garantis. Si les Allemands gagnent, on a Pétain ; si ce sont les Américains, on a de Gaulle !

Le procès du maréchal déchu et sa peine de mort commuée en détention perpétuelle me rappellent étrangement le nom d'un autre « traître français ». Maréchal comme Pétain, condamné à mort comme lui et commué de même à la détention à vie. Seule différence, ce maréchal-là réussit à s'évader dans des conditions mystérieuses, pour ne pas dire troubles, et finit sa vie en Espagne. Son nom, bien oublié aujourd'hui : le maréchal Bazaine.

Contre toute attente, ce valeureux maréchal de Napoléon III se rendit avec ses 100 000 hommes aux Prussiens en 1870, libérant l'armée l'assiégeant dans la ville de Metz. Voué aux gémonies par Gambetta, puis jugé par ses pairs, le nom de Bazaine, condamné à mort en 1873, resta si honni dans la vindicte populaire que la vieille « bonne » de ma grand-mère (mot pas encore diabolisé à l'époque) nous disait à mes frères et moi, au début des années trente (soit près de soixante ans après la « déculottée » française de 1870) :

– Fais Bazaine !

Ce qui nous commandait de baisser notre culotte !

« Fais Bazaine ! » L'expression demeura mystérieuse pour moi jusque dans les années 1960, où les besoins historiques de nos émissions de jeux m'amenèrent à potasser plus précisément le cas « maréchal Bazaine ».

Ce que j'appris me stupéfia.

Bazaine avait été le parfait bouc émissaire, qui dédouanait en quelque sorte les erreurs de Napoléon III, et surtout il n'avait jamais révélé la faute impardonnable de Gambetta, lorsque celui-ci quitta Paris assiégé, en ballon, pour organiser la contre-offensive à Tours.

L'affaire tient en quelques dates, pas plus.

Sedan, 2 septembre 1870 : Napoléon III, battu à plate couture à Sedan, toute honte bue, remet son épée à l'empereur Guillaume Ier. (Là, il a vraiment baissé sa culotte !) C'est si vrai que l'impératrice Eugénie ne voulut pas croire à sa reddition :

– Vous voulez me cacher la vérité. Il ne s'est pas rendu, vous voulez dire qu'il est mort au combat… Avouez-le ! (*sic*)

4 septembre : Gambetta annonce la déchéance de l'Empire et proclame la République.

Malgré le désastre de Sedan et l'immobilisation de l'armée Bazaine dans Metz, le gouvernement provisoire refuse la défaite et poursuit le combat.

20 septembre : malgré des combats acharnés, Paris est en état de siège.

7 octobre : Gambetta quitte la capitale en ballon et, après des mésaventures inouïes (changement de vent, atterrissage dans les lignes prussiennes, pourchassé par les Hulans, train pour Amiens, de là à Rouen), il arrive enfin à Tours le 9 octobre pour organiser la défense du pays avec les armées qui restent en activité.

Aux alentours du 20 octobre, Gambetta reçoit enfin une lettre codée de Bazaine dont on n'a plus de nouvelles puisqu'il est enfermé dans Metz assiégée. Dans cette lettre, le maréchal ne cache pas la situation catastrophique dans laquelle il se trouve. Plus de vivres, plus de munitions, épidémie, moral des troupes au plus bas. Il parle même de sa reddition imminente. C'est en quelque sorte un « Ne comptez plus sur nous ».

Or, c'est là que l'histoire bifurque…

Si Gambetta reçoit bien la lettre de Bazaine, il ne peut pas la lire, IL A OUBLIÉ LE CODE À PARIS.

Oui, dans sa précipitation, le seul lien qui pouvait le relier avec Bazaine n'existe plus. La faute à qui ? On ne le saura probablement jamais. Quelqu'un de « responsable » dans l'entourage de Gambetta aurait dû lui souffler, lui rappeler.

– Avez-vous pris le code ?

Lui-même aurait dû y penser ! Élémentaire, non ? Alors que faire ? Avouer la faute ? Ça fait désordre, et puis n'a-t-on pas besoin plus que jamais de galvaniser les énergies, de maintenir coûte que coûte le moral des troupes, au plus bas depuis Sedan ?

Et Gambetta va bluffer. Il déclare qu'il vient de recevoir des nouvelles de Bazaine, que celui-ci va faire une sortie en force de Metz pour foncer libérer Paris avec ses 120 000 hommes.

– Vive la République, vive la France !

Et le 27 octobre, la nouvelle tombe comme un coup de tonnerre en plein réveillon.

– Bazaine a capitulé, il a trahi… Il a baissé sa culotte devant l'ennemi.

À l'époque où nous avons raconté cette histoire à la télé, j'ai reçu une lettre des descendants de la famille Bazaine me remerciant d'avoir voulu, non pas réhabiliter leur aïeul mais atténuer ses fautes en donnant la vérité.

En effet, je trouve admirable que, pour épargner à la nouvelle République le ridicule de cet oubli impardonnable, il n'ait jamais fait mention de cette lettre ô combien cruciale.

Ayant supporté ce « secret d'État » et assumé sa position de traître, attitude qui m'avait encore interpellé dans ma petite enfance, on comprend mieux pourquoi, condamné à mort, sa peine fut commuée. Puis, ON le laissa filer, non pas à l'anglaise mais à l'espagnole.

Aujourd'hui encore, la voix d'une vieille « bonne », qui pouvait être née dans les années 1868-70, reste présente à mon souvenir lorsque l'heure de me coucher a sonné.

– Fais Bazaine !

La traîtrise est un mal pas toujours justifié mais tenace.

LÀ OÙ NAPOLÉON III CASSA SA PIPE…

Plus que vingt pas et ça y est… Il sera hors du fort… Marchant à pas mesurés et en grandes enjambées, à cause des sabots garnis de paille qu'il chausse pour la première fois, le pseudo-plâtrier s'achemine vers la porte cochère grande ouverte. Jusque- là, tout va bien, la grande planche qu'il porte sur l'épaule dissimule son visage, soigneusement maquillé. Il a rasé son bouc et sa moustache, s'est mis du rouge sur les joues et sur le nez, ajusté une perruque et s'est coiffé d'une casquette. Avec sa blouse maculée de plâtre et son pantalon de coutil, c'est un ouvrier qui vaque à son travail. Le seul problème, c'est qu'il est six heures du matin, que c'est l'heure où les ouvriers qui travaillent à la réfection du fort-prison de Ham RENTRENT alors que lui, il en SORT.

Lui, vous l'aviez reconnu malgré son déguisement, c'est Louis-Napoléon Bonaparte, le fils de Louis, troisième frère de Napoléon, et d'Hortense de Beauharnais, la fille de Joséphine, lequel, à la suite d'un coup d'État qui ne fut qu'un coup d'éclat manqué, purge la « perpét' » dans une prison en plein cœur de la Picardie.

Voilà six ans qu'il vit là comme un reclus, travaillant à son futur destin, estimant qu'une prison perpétuelle ne saurait exister pour un Bonaparte, surtout quand on est comme lui, après la mort de l'Aiglon, l'héritier direct de l'Empereur. Au fil des ans, sa conduite exemplaire a forcément relâché les rigueurs du début. S'il y a toujours quatre cents hommes, geôliers et soldats, affectés à la garde de l'ex-fort transformé en prison, l'autorisation des visites quotidiennes du docteur Conneau, emprisonné comme complice, et surtout l'admission de Charles Thélin en tant que valet à ses côtés ont redonné jour à toutes sortes de projets, dont le premier, sans lequel aucun projet n'est envisageable : L'ÉVASION.

C'est ce qui est en train de se faire, en ce 25 mai 1846, à 6 h et quelques minutes du matin. Tout a été méticuleusement prévu et préparé grâce au vigilant docteur Conneau : depuis quelques jours, celui-ci a laissé entendre que M. Bonaparte était souffrant et qu'il avait besoin d'un surcroît de sommeil. Grâce à un traversin et des coussins disposés dans le lit du prisonnier, cela a trompé la vigilance du chef gardien venu, comme chaque matin à 6 h, constater la présence du condamné.

D'autre part, le fidèle Charles, serviteur aussi précieux que dévoué, a pu se procurer tous les accessoires vestimentaires auprès d'un certain Pinguet, plâtrier en congé maladie (qui deviendra « Badinguet » pour certains historiens).

De plus, Charles a loué une voiture à cheval et attend le fugitif au premier carrefour entre le fort et la ville.

Lors, chaque fois que le fugitif croise des « compagnons de travail », sous prétexte du poids de sa planche, le pseudo-plâtrier change sa charge de leur côté afin de dissimuler son visage. Justement, un petit groupe qu'il vient de croiser s'enquiert de sa destination contraire à la leur.

– Où qu'tu vas ?

Grommelant une réponse et montrant la porte cochère d'un geste aussi vague qu'impératif, il poursuit sa route imperturbablement.

Le voici maintenant à hauteur du poste de garde où deux sentinelles, arme au pied, contrôlent toutes les entrées. Le chef de poste est, quant à lui, en train de se raser devant un miroir accroché à un pan de mur. Les deux sentinelles, côte à côte, bavardent en jetant un regard interrogatif vers ce type qui va emprunter la sortie… Plus que vingt pas !

C'est à ce moment précis que, changeant à nouveau sa charge d'épaule, Bonaparte laisse tomber la pipe en terre qu'il s'est clouée dans le bec pour grommeler des réponses inaudibles en cas d'interpellation inopinée.

Une pipe qui tombe et se casse, c'est une maladresse malheureuse, voire un mauvais présage… Mais là, à même pas vingt mètres de la liberté, c'est une catastrophe. Que faire ? Achever de la casser avec dédain en l'écrasant d'un sabot fataliste ? Il faut faire fonctionner vite ses cellules grises dans ces cas-là, surtout quand l'incident n'a pas échappé aux sentinelles… Louis Bonaparte a du sang-froid et de la jugeote, c'est là qu'il va le prouver. Cette pipe cassée au sol est le symbole de son destin. Ou ça passe et c'est dix-neuf années de Second Empire qui, malgré une fin peu glorieuse, vont commencer, permettant à la France de s'installer dans l'ère industrielle avec un certain mieux-être pour le peuple des travailleurs. (Paternalisme, soit, mais n'oublions pas que c'est Napoléon III qui donne le droit de grève aux ouvriers…) Ou ça ne passe pas et c'est le ridicule, la rentrée dans l'ombre des cachots et la fin des rêves hégémoniques des Bonaparte.

Alors, le plâtrier qui vient de casser sa pipe s'arrête, il hoche la tête, navré de ce fâcheux contretemps, puis il plante sa planche dans le sens de la hauteur pour pouvoir se baisser et ramasser les deux morceaux de qui gisent au sol.

– Ça va me faire un brûle-gueule !

Il prend le temps de mettre les deux éléments dans la poche de sa blouse. Hoche encore une fois la tête en direction des deux sentinelles qui, sans doute, compatissent d' un petit geste consolateur.

– Tant que c'est pas toi qui « casses ta pipe » !

Le faux plâtrier remet sa planche, côté poste de garde, et reprend sa marche en avant… encore vingt pas… les plus longs d'une vie.

Chacun d'entre eux semble une éternité… Un pas, un an : 1847, ce sera l'Angleterre, Miss Howard, l'argent nécessaire à tout projet d'avenir… Un autre pas… 1848 : la révolution, l'exil de Louis-Philippe, son retour officiel, le soutien de Victor Hugo qui a lu son *Extinction du paupérisme* écrit en prison et qui préconise pour les travailleurs une plus juste répartition des profits. National-socialisme utopique d'avant-garde… Encore un pas… 1849 : à l'Élysée, le Prince Président retrouve son demi-frère, Morny, qui va le pousser vers la restauration d'un Empire « à la Tonton »… Encore un pas… 1850 : à Satory, où il est venu assister à des rencontres sportives, Louis-Napoléon est accueilli aux cris de « Vive l'Empereur… ».

À hauteur du poste de garde, le fugitif entend les bribes de conversation des deux sentinelles qui regardent avec indulgence passer ce pauvre type qui vient de casser sa pipe.

– Elle était peut-être même fort bien culottée, c'te pipe !

Un pas de plus… 1851 : malgré la méfiance de Victor Hugo, dépité de ne pas être devenu l'éminence grise du Prince Président qu'il a soutenu et qu'il vilipende à l'Assemblée :

– Quoi ? Après Auguste, Augustule ? Quoi ? Parce que nous avons eu Napoléon le grand, il faudrait que nous ayons Napoléon le petit !

Encore un pas, 2 décembre 1851 : coup d'État réussi grâce à Morny…

Voici à présent que le vent frais de l'extérieur caresse son visage en sueur, allons, le plus dur est fait… Sans presser le pas plus qu'il ne faudrait, le faux plâtrier tourne à l'angle de la porte cochère… Las, le voilà face à face avec trois ouvriers retardataires qui allaient rentrer. Jouant le tout pour le tout, le fugitif grommelle une sorte de « Attention devant ! » qui oblige ses vis-à-vis à se mettre de côté, puis il poursuit sa marche en avant entendant vaguement les questions que se posent ceux qu'il vient de bousculer sans vergogne.

– Qui c'est c'lui-là ?

– J'sais pas !

– Mais si, c'est Bertrand ! *(sic)*

Droit devant lui, Louis-Napoléon aperçoit à l'angle là-bas le cheval et la carriole avec Charles Thélin en guise de cocher. Contrôlant à grand-peine son envie de courir, les derniers pas furent, de l'avis même du neveu de Napoléon, les plus difficiles à contrôler. Encore quelques pas et déjà 1852 s'annonçait, avec un 21 novembre triomphant où le plébiscite du peuple de France va le nommer empereur avec le titre de Napoléon III.

Et pendant dix-neuf ans, le fugitif à la « pipe cassée » allait gouverner la France avec plus ou moins de bonheur, poursuivi par la haine et le mépris d'un Victor Hugo ancré sur son rocher, insensible aux appels d'amnistie de l'auteur de *L'Extinction du paupérisme* :

S'il en demeure dix, je serai le dixième,
Et s'il n'en reste qu'un, je serai celui-là.

Après la déculottée de Sedan et son exil en Angleterre, Badinguet Napoléon III cassera définitivement sa pipe en 1873. Il avait soixante-cinq ans et fumait le cigare.

LA VIEILLE PELISSE DE L'ACADÉMICIEN

Georges Duhamel fut prix Goncourt et « perpétuel » de l'Académie française. Célèbre surtout pas sa *Chronique des Pasquier*, œuvre interdite sous l'occupation nazie, il fut félicité pour son courage par le général de Gaulle.

Âgé et dur d'oreille (COMMENT ?), il fait un jour une conférence à laquelle se pressent ses plus fidèles admirateurs. Une bonne heure plus tard, au moment de partir, un petit groupe s'empresse autour de lui et deux d'entre eux l'aident à passer sa vieille pelisse doublée de petit-gris (écureuil). Comme il a des difficultés, vu son grand âge, à lever les coudes, l'opération ne se fait pas sans effort.

Un des admirateurs qui l'aide et a eu le privilège de souper chez le Maître voici quelque temps, lui demande :

– Comment va Madame Duhamel ?

Croyant qu'on lui dit quelque chose comme « *du mal à mettre* », le célèbre académicien répond cette phrase qui ne s'invente pas :

– Je l'enfile avec précaution, elle commence à perdre ses poils…

Georges Duhamel n'a pas dû comprendre pourquoi il avait fait soudain le vide autour de lui, ses admirateurs, foudroyés par le rire, ayant jugé bon de disparaître.

CHAMFORT, L'ESPRIT SAIN

Journaliste et collaborateur de Mirabeau, avant que la Révolution ne tombe dans l'excès et la Terreur, Chamfort entend ce jour-là les doléances du roi Louis XVI, après que le Parlement a refusé les réformes qu'il vient de proposer en compagnie de Turgot – Libre circulation des grains – Abolition des corporations – Suppression de la « corvée royale » – qui contraignait les paysans à construire et entretenir les routes.

Et le roi de conclure, bonhomme, non sans un soupçon d'humour :

– Je vois qu'il n'y a que Monsieur Turgot et moi qui aimons vraiment le peuple !

Alors Chamfort, finement :

– Vous le savez bien, Sire, en France c'est une sorte de tradition, on laisse en repos ceux qui mettent le feu et on persécute ceux qui sonnent le tocsin…

Trois siècles plus tard, c'est toujours vrai, non ?

Poursuivi sous la Terreur, Chamfort tentera de se donner la mort de façon atroce, avec un pistolet puis avec un coupe-papier. S'étant raté, très affaibli il mourra quelques mois plus tard défiguré, mais ayant échappé au « rasoir national ».

BONI DE CASTELLANE « DANDY »

Boniface de Castellane, dit Boni, fut le « dandy » type de la Belle Époque. Fils d'un marquis, ses « belles manières » auprès des dames firent les échos de bien des salons où l'on causait.

Marié à Anne Gould, fille plutôt laide d'un milliardaire américain, les envieux disaient qu'« elle était plus belle vue de DOT ». Ils firent construire le fameux Palais Rose, tout en marbre rose, dont « l'escalier d'honneur » était digne de Versailles... Pour l'inauguration, chaque invité reçut un rectangle de marbre rose, avec en bas, gravée la mention « prière d'assortir votre tenue à la couleur de l'invitation ».

Un jour où on le présentait à un fringant militaire, dont il avait naguère « piqué » la maîtresse, il dit :

– Mais ! Nous nous connaissons !

– Vraiment ?

– Oui, nous avons servi dans le même « corps »...

CLAUDE MONET ET SON « LEVER DE SOLEIL À VÉTHEUIL »

En 1879, alors que sa peinture commence réellement à intéresser les amateurs, Claude Monet reçoit la visite d'un certain Faure, chanteur en vogue à l'époque.

– Mais je connais ce tableau, dit le baryton en désignant sur un chevalet le *Lever de soleil à Vétheuil*, vous me l'avez proposé chez moi voici quatre ou cinq…

– Six ans, coupe Monet. Je me souviens aussi. Vous m'en avez refusé cinq francs.

– J'avais du mal le voir et aujourd'hui…

– Non, Monsieur Faure, vous m'en offririez 50 000 francs que je ne vous le vendrais pas… Vous trouviez « qu'il n'y avait pas assez de peinture ». Il n'en a pas plus aujourd'hui et, de toute façon, il n'est pas à vendre.

Le chanteur s'en alla péteux et Monet ne se sépara jamais de ce *Lever de soleil à Vétheuil* qui resta à Giverny jusqu'à la mort du grand peintre, sorte de symbole de l'ignorance des soi-disant « amateurs distingués ».

CLEMENCEAU PLOMBÉ À SOIXANTE-DIX-SEPT ANS

Le 19 février 1919, à 8 h 40 du matin, la voiture de Clemenceau prend en charge son illustre occupant pour l'emmener vers sa tâche quotidienne au ministère de la Guerre, où le fameux « Traité de Paix » est en gestation. Alors que la limousine aborde le carrefour de Passy, comme chaque jour à la même heure, un individu surgit et vide son arme en direction de la voiture qui s'éloigne.

Cris des passants, les plus courageux se précipitent sur le tireur. On le maîtrise. Des agents accourent. Ils ont reconnu la voiture de Clemenceau qui s'arrête un peu plus loin. Sept balles ont troué la carrosserie et l'une d'elles s'est plantée sous l'omoplate du vieux tribun.

– Monsieur le Président, vous êtes blessé ?, s'empresse le chauffeur.

– Demi-tour et hop, à la maison ! grogne le Tigre.

Malgré sa douleur, Clemenceau s'assure qu'il peut remuer les bras et les jambes et semble rassuré. Arrivé rue Franklin, devant chez lui, des gens sont assemblés et un de ses voisins, père jésuite, écarte les badauds et s'approche.

– Permettez-moi…

Le vieil anticlérical le repousse gentiment mais fermement.

– Merci mon père, je suis médecin, je m'y connais et ce n'est pas encore cette fois-ci que j'aurai besoin de vos services.

Le lendemain, une radiographie révèle que la balle est passée tout à côté de la colonne vertébrale, atteignant le poumon et s'arrêtant près du cœur.

– Puis-je vivre en sa compagnie ?, demande le blessé.

– Pourquoi pas ?, répond le médecin.

– Alors, nous tâcherons de faire bon ménage.

Plus tard, il ajoutera :

– Maintenant que je suis plombé, n'est-ce pas le meilleur des sérums ?

Le tireur, Émile Cottin, comparaît devant le Conseil de guerre. C'est un anarchiste illuminé qui voulait venger « les victimes du briseur de grève » que fut Clemenceau, alors ministre de l'Intérieur. Dans son bouillant réquisitoire, le lieutenant Mornet (qui sera procureur au procès Pétain) dit : « Ce n'est pas Clemenceau que visait l'anarchiste, c'est la France ! »

Cottin sera condamné à mort. Clemenceau interviendra pour que sa peine soit commuée en prison.

Une semaine après l'attentat, le Tigre retourna à son bureau comme si rien ne s'était passé. Il avait soixante-dix-sept ans…

L'année d'après, en 1920, battu par Deschanel à l'élection présidentielle à cause de son anticléricalisme viscéral, le vieux Père la Victoire devenu « Perd la Victoire » quitte définitivement la politique. Il dira à Winston Churchill :

– Je m'installe maintenant sur mon balcon, dans un fauteuil d'où je regarde mon enterrement.

À ce sujet, il écrira aussi :

… *Défense à tout curé d'approcher. Barrage à trois cents mètres… Au large ! Et pas de femmes qui pleurent. La Paix !*

Le vieux Tigre cessera de feuler le 24 novembre 1929 à 1 h 45 du matin. Il a quatre-vingt-huit ans. Il sera inhumé selon ses volontés en Vendée, au « Colombier », aux côtés de son père. Comme le terrain est assez en pente et que sa tête est vers le haut, la légende dira qu'il est enterré debout… Il y a du vrai dans toute légende. Pour un homme de sa trempe, cela convient parfaitement.

TALLEYRAND ET LE BROCHET À LA ROMANDE

Carême, le célèbre cuisinier, « roi des chefs et chef des rois » comme il était surnommé, fut au service de Talleyrand, à Valençay, sous l'Empire. C'est là qu'il tint le pari lancé par son « diable boiteux » de patron.

Créer une année de menus, sans répétition, en utilisant uniquement des produits de saison…

Programme aussi logique qu'ambitieux.

C'est au cours de cette expérience qu'un jour, il vient voir le prince, la veille d'un souper avec des personnalités d'importance.

– Voilà ! J'avais commandé un brochet d'une taille si exceptionnelle qu'il aurait suffi à lui seul au régal de vos hôtes en faisant leur admiration.

– On ne vous l'a pas livré !

– Non, Prince, ce n'est pas cela, ils m'en ont livré deux et leur prix…

– Qu'à cela ne tienne, votre succès sera double, répond Talleyrand.

– Je les ferai présenter tous les deux ?

– Non, surtout pas… Écoutez plutôt…

Le soir, au centre d'une table somptueusement dressée, le prince de Bénévent, entouré d'une douzaine de convives, tous plus huppés les uns que les autres, mène la brillante conversation qu'on lui suppose entre deux entrées des plus savoureuses.

Profitant d'un silence décidé par le chef d'orchestre qu'était l'hôte de Valençay, le maître d'hôtel annonce à voix mesurée, mais ferme :

– Brochet à la romande !

Posé sur un brancard fleuri, le brochet reconstitué fait son entrée sous les regards ébahis des convives. La taille impressionnante du poisson fait naître les appréciations des plus flatteuses. Les deux valets porteurs font le tour de la table ostensiblement pour venir auprès de la dame à la droite du prince lorsque l'un des valets se prend les pieds dans le tapis. Pour retrouver l'équilibre, il penche les bras du brancard, et patatrac… le brochet glisse sur son lit de sauce et s'écroule par terre dans un amas indescriptible. Un cri de stupeur et de désolation, vite contenu, sort de la bouche des invités et tous les regards convergent vers le maître des lieux. Celui-ci se tapote élégamment les lèvres, boit une gorgée de vin, repose son verre, s'essuie de nouveau la bouche et dit :

– Ce n'est pas grave… Apportez l'autre !

Et tandis que les valets s'évertuaient à ramasser en toute hâte les débris du désastre, sur un signe de tête du prince de Bénévent, le maître d'hôtel, d'une voix toujours mesurée, réannonça :

– Brochet à la romande… Deuxième service.

Ce fut un grand succès. La preuve, on en parle encore.

LA « TANTE » DU PRINCE DE JOINVILLE

Un jour, le prince de Joinville, troisième fils de Louis-Philippe, accablé par l'avarice de son père, va porter au mont-de-piété une montre en or et diamants que sa mère lui a offerte.

Quelque temps après, alors qu'il n'a pas encore récupéré des fonds pour désengager sa montre, la reine Amélie s'inquiète de l'absence du cadeau qu'elle lui a fait.

– Oui, je parle de votre montre !

Pris de court, le jeune prince ne trouve que cette excuse spontanée :

– Heu ! Je l'ai oubliée chez ma tante Adélaïde l'autre soir…

Comme la reine envoya quelqu'un récupérer la montre et que celle-ci resta introuvable, et pour cause, Joinville dut, penaud, avouer la vérité…

L'anecdote fit le tour de Paris et voilà comment « chez ma tante » remplaça le « clou » pour désigner le mont-de-piété, providence des gens momentanément en panne de « braise », de « fric », de « fraîche », de « blé », de « jonc », ou de tout autre sorte d'argent frais.

LE « VEAU MARENGO » AVAIT DES PLUMES…

Oui ! En clair, le célèbre plat dénommé ainsi était un poulet déguisé en veau… Parmi les nombreuses versions de ce fameux « veau marengo » que l'on trouve dans toutes les bonnes officines de l'Histoire, j'opte pour celle-ci qui satisfait au mieux mon appétit anecdotique.

En ce 14 juin 1800, les troupes de Bonaparte bivouaquent à proximité de Marengo, au nord de Gênes. Il est 8 h du matin, les soldats, vainqueurs cinq jours avant à Montebello, sortent à peine de la torpeur d'une nuit un peu fraîche lorsque les premières explosions retentissent en même temps que monte une rumeur qui ne trompe pas :

– Les Autrichiens attaquent ! Aux armes, tous aux armes… Sonnez trompettes !

Branle-bas de combat. Pas le temps d'enfiler son pantalon, il faut saisir son fusil au faisceau pour faire face à l'assaillant qui déboule sur eux baïonnette au canon. Premières salves, premiers corps à corps, replis stratégiques. La bataille fait rage. Les Autrichiens bénéficient de la surprise et leur artillerie supérieure en nombre (92 canons contre 40) fait des ravages dans les rangs des Français qui résistent vaillamment. Attaque, contre-attaque. Si, à midi, les troupes de Bonaparte tiennent toujours Marengo malgré de lourdes pertes, à 14 h, le manque de munitions contraint Bonaparte à battre en retraite. À 15 h, la situation française devient critique à tel point que le maréchal von Mélas, légèrement blessé mais sûr de sa victoire, quitte le champ de bataille pour aller lui-même annoncer à l'empereur d'Autriche, cantonné plus loin, le succès de son armée.

Conscient du désastre qui se consomme, Bonaparte expédie deux messagers joindre Desaix, lequel avec ses 10 000 hommes était parti attaquer les arrières autrichiens.

– Revenez, au nom de Dieu, si vous le pouvez encore.

Les messagers ne joindront pas Desaix car celui-ci, entendant le canon, a déjà fait demi-tour et arrive précisément sur le coup de 15 h près de son général en chef en pleine déconfiture. Après le constat de la situation, il s'écrie avec la fougue de ses trente-deux ans :

– La bataille est perdue, dites-vous ? Sans doute, mais il n'est que 3 h. Il reste assez de temps pour en gagner une autre.

Et c'est ce qui va se passer. Les troupes fraîches reprennent peu à peu le terrain perdu, les cavaliers de Kellermann fractionnent les assaillants. Le moral des Français tourne à l'offensive et, sur le coup de 20 h, les Autrichiens qui demeurent sur les lieux sont ou morts, ou blessés, ou prisonniers.

Hélas, le véritable vainqueur, le général Desaix, a été tué d'un biscaïen (mitraille de canon) en pleine poitrine, dès le début de la bataille.

Tandis que la nuit tombe sur le silence des 2 000 morts et les gémissements des 9 000 blessés, l'intendance s'occupe de faire bouillir les popotes pour nourrir tous ces ventres affamés qui célèbrent la victoire, gobelet à la main. L'alcool réchauffe les corps et chasse les visions atroces du combat.

Bonaparte, en tant que Premier consul et général en chef, bénéficie d'un cuisinier privé, Dunant. Ce soir-là, celui-ci sait que le « p'tit caporal » voudra souper seul avant tout le monde comme à son habitude, en dix minutes, afin de rejoindre ensuite la table de ses généraux subalternes pour commenter la victoire. Faisant le compte de ses victuailles, Dunant constate qu'il dispose de 3 œufs, 4 tomates, 1 poulet et 6 écrevisses. Connaissant le peu de goût de son chef pour le poulet, le cuisinier se rend dans le village voisin où il a repéré une auberge épargnée par les combats. Accompagné d'un interprète, il se trouve bientôt en présence de la patronne italienne qui, après quelques réticences, lui propose… du poulet.

– *Grazié*, j'en ai un, répond Dunant, justement si je viens chez vous, c'est pour cuisiner autre chose…

– Eh oh ! Ce n'est pas le moment de faire le difficile, proteste l'aubergiste. Et à la façon dont je vais le désosser et l'accommoder votre poulet, votre général n'y verra « que du veau ».

Dunant était subtil, il connaissait bien son général qui attachait plus d'importance à la présentation qu'à la composition des plats qu'il engloutissait en quelques minutes.

Laissant à la cuisinière italienne le soin d'accommoder les morceaux de poulet à sa convenance, il fit frire les œufs dans de l'huile, cuire les écrevisses à la vapeur et, au moment de servir, rajouta un petit verre de cognac prélevé à la gourde de Napoléon.

– Menu « Marengo » mon général.

Le Premier consul crut-il manger du veau ?

L'histoire ne le dit pas, mais il apprécia tant la présentation initiale avec les six écrevisses en décoration qu'il exigea le même plat après chaque victoire. Par la suite, le veau remplaça le poulet, les lardons les œufs frits, les champignons de couche les écrevisses, et un verre de vin blanc compléta cette recette née un soir de bataille avec les moyens du bord.

On raconte que c'est ce même soir, à la table des généraux où Bonaparte était venu s'asseoir après son « veau Marengo », que le général Lasalle chanta pour la première fois une chanson que l'on titre : « La Madelon de Marengo ». Aujourd'hui encore, cette chanson est entonnée traditionnellement dans les agapes militaires, policières ou gendarmesque :

Amis, il faut faire une pau-o-seu
J'aperçois l'ombre d'un bouchon
Buvons à l'aimable Fanchon
Faisons pour elle quelque cho-o-seu…
Elle aime à rire, elle aime à boir-reu…
etc. etc.

Tandis que les vainqueurs célébraient leur victoire, verre ou quart en main, quelques hommes, sur ordre de Bonaparte, recherchaient sur le champ de bataille le corps du général Desaix que l'on avait vu tomber de son cheval dès le début de la seconde bataille. Après plus d'une heure de recherche à la lueur des torches, on finit par l'identifier grâce à sa longue chevelure noire tressée. Les détrousseurs de cadavres, hyènes des champs de bataille, ne lui avaient laissé que sa chemise blanche irrécupérable, broyée au niveau du cœur. (Le Thénardier, des *Misérables*, était de ceux-là).

Sur ordre de Bonaparte, le corps du général Desaix fut inhumé à l'Hospice du Grand Saint-Bernard, à quelques pas de la frontière italienne, où il repose toujours. ,

Le véritable vainqueur de Marengo, et même Bonaparte, auraient-ils pu imaginer que les facéties de l'Histoire retiendraient le nom de « Marengo » comme une recette de cuisine avec un veau qui, en fait, avait des plumes, italiennes... par-dessus les pattes ?

LE « JEU DU FOULARD » POUR LE DERNIER DES CONDÉ ?

– Serrez plus fort, je sens que ça vient !

– Encore ? Pas trop quand même !

– Oui… Oui…

Dans un dernier spasme, le vieil homme émit un râle convulsif, ses yeux roulèrent au blanc, ses bras s'affaissèrent le long de son corps.

– Mon ami…

La femme lâcha le foulard qu'elle maintenait serré autour du cou de l'individu, dont la tête glissa doucement sur l'oreiller.

– Mon ami…, répéta la femme, l'œil agrandi par l'horreur.

Sur le coup de 9 h, en ce matin d'août 1830, surpris de ne pas voir son maître répondre à ses coups frappés de plus en plus vigoureusement à sa porte, le valet du prince de Condé appelle à l'aide. La baronne de Feuchère, maîtresse des lieux, accourt. La porte est fermée au verrou de l'intérieur.

– Curieux, jamais Monsieur le Prince ne la fermait d'habitude.

– Mon ami, c'est moi, ouvrez-nous.

Mais la baronne a beau tambouriner, rien ne répond.

– Il faut enfoncer la porte.

Le valet va chercher du renfort. La porte cède enfin. Dans la pénombre de la chambre dont les volets sont clos, une bougie achève de se consumer.

Le valet se dirige vers la fenêtre pour donner de la lumière et recule horrifié.

LE PRINCE DE CONDÉ EST MORT PENDU À L'ESPAGNOLETTE. (L'espagnolette est cette crémone à poignée ouvragée qui permet de fermer ou laisser entrouverts les châssis des hautes fenêtres des vieilles demeures.) Un foulard noué autour du cou prouve bien que le dernier descendant des Condé s'est donné la mort par pendaison dans son château de Saint-Leu.

Un détail pourtant vient intriguer les autorités alertées. Les pieds du pendu touchent par terre ce qui rend, paraît-il, la conclusion fatale impossible, un sursaut de survie étant toujours prévisible. On se redresse pour respirer ! Mais avec un vieillard de soixante-quatorze ans, et puis, et surtout, « le verrou tiré de l'intérieur »... et puis la mise du mort n'était nullement en désordre... et puis, qui aurait eu intérêt à donner la mort à cet homme que le grand âge avait écarté des intrigues politiques ?

En mai 1830, les « trois glorieuses » ont chassé Charles X, et Louis-Philippe s'est hissé à sa place sur un trône tricolore avec la bénédiction du vieux Condé. Celui-ci a même légué une bonne partie de sa fortune au fils du nouveau roi des Français, alors ?

Alors, le permis d'inhumer est obtenu sans problème, sans pour autant empêcher les bruits de courir. Aussi, deux jours après, à l'enterrement, ce qui va poser problème, c'est la phrase du curé qui déclare dans son homélie :

– Devant Dieu, le prince est innocent de sa mort !

En clair, ça veut dire que le prêtre n'aurait pas donné l'absoute au prince s'il s'était suicidé. Et les commentaires de redoubler. À la réflexion, tout demeure suspect : le foulard autour du cou n'était pas serré ! Les pieds du pendu touchaient le sol, et puis le prince ne pouvait plus lever son bras gauche à moitié paralysé. Ajoutons que sa main droite était amputée de trois doigts, et n'avait-il pas dit récemment que le suicide était « œuvre de lâche » ?

– Comment voulez-vous qu'un homme aussi catégorique qu'handicapé puisse se passer un foulard autour du cou dans le but « d'en finir » ? Non, réellement, rien ne colle.

Mais alors, s'il y a eu crime, à qui profite-t-il ?

Justement. Si le duc d'Aumale, fils de Louis-Philippe, devenait légataire universel de l'immense fortune du défunt prince estimée à

80 millions, un legs de 12 millions revenait à la baronne de Feuchère, et « celle-ci, pardonnez du peu… »

La baronne de Feuchère, née Sophie Dawes, était la maîtresse du prince. Il l'avait connue à Londres, en exil, sous Napoléon. (Lequel, rappelons-le, avait fait assassiner froidement son fils, le duc d'Enghien, en 1804 dans les fossés de Vincennes.) En 1811, Sophie était alors une simple servante dans un bordel de Piccadilly où le prince venait agrémenter sa solitude. Elle était belle, jeune, effrontée. Elle avait su plaire et même complaire, au point de devenir très rapidement maîtresse en titre et de s'y maintenir lors du retour des rois restaurateurs à la chute de l'Empire. Devenue baronne par décision royale, elle était toujours très attachée au vieil homme, de trente-deux ans son aîné.

C'est dire si le Tout-Paris s'interroge sur le « drame » et même se gausse à tel point qu'un chroniqueur du *Figaro* écrit :

… *Cette petite baronne anglaise qui ressemble beaucoup à une espagnolette !*

Impossible de ne pas ouvrir un supplément d'enquête. Celle-ci est confiée à M. de la Huproye qui, très vite, déclare :

– Le suicide du prince de Condé ne peut être ici envisagé.

Quatre mois plus tard, la conclusion de son enquête va être rendue publique. Elle se résume ainsi : Mme de Feuchère doit être traduite en cour d'assises.

En effet, tout indique l'impossibilité du suicide, même le verrou tiré de l'intérieur a fait l'objet d'une démonstration avec un lacet, lequel, placé autour du verrou, permet de refermer la porte puis de faire glisser doucement la targette, de l'extérieur, en position fermée.

Le résultat va être publié dans les premiers jours de juin, lorsque, le 3 au soir, M. de la Huproye reçoit la visite impromptue du procureur général M. Persil.

– Votre gendre M. Theurier de Pommyer est bien en attente d'un poste de juge titulaire au tribunal de la Seine ?

– Oui, M. le Procureur général.

– Alors, excellente nouvelle : le poste lui est attribué.

– Merci infiniment.

– Attendez, vous-même obtenez à cette occasion votre mise à la retraite d'office… immédiate, avec des conditions dont je vous félicite.

– Mais !

– Ça aussi, c'est une bonne nouvelle, non ? Les papiers sont là...

Le 5 juin, M. de la Huproye était remplacé par M. Brière-Valigny qui allait conclure quelques jours plus tard... au SUICIDE du vieux duc. L'affaire du château de Saint-Leu était enterrée sans plus de forme.

Louis-Philippe et son héritier de fils allaient respirer. Rien ne pouvait plus éclabousser le trône du dernier roi des Français.

La baronne de Feuchère pouvait poursuivre ses bonnes œuvres avec la belle fortune compensatrice de ses nobles actions passées auprès de M. le Prince.

À sa mort, dix ans plus tard, par testament, elle demanda que le château de Saint-Leu, où le dernier des Condé s'était donné la mort, fût rasé. À la place exacte de la fenêtre où fut retrouvé le corps sans vie de Monsieur le Prince, une colonne de marbre avec une croix est toujours en place aujourd'hui.

La baronne anglaise a emporté dans sa tombe le secret de cette nuit tragique où elle serra un peu plus qu'elle n'aurait dû. Volontairement ? Sûrement pas ! Seule elle-même aurait pu le dire.

De toute façon, le dialogue apocryphe du début de ce récit ne change pas ou si peu.

– Serrez plus fort, ça vient !

– Encore ? Pas trop quand même !

– Oui... Oui...

– Mon ami... Mon ami ?... Ah ben ! c'est vous qui me l'avez demandé !

C'est probablement comme ceci, ou comme cela, que le prince de Condé a filé à l'anglaise, avant de partir faire de la simple « figuration », accroché à une vulgaire espagnolette.

SCHNEIDER POUR SCHNEIDER

– C'est bien à son altesse Ismaïl Pacha que j'ai l'honneur de parler ?

Le vice-roi d'Égypte qui lisait son journal lève les yeux sur cet homme d'une soixantaine d'années, rosette à la boutonnière, qui vient d'interrompre sa lecture.

– C'est moi, oui.

L'homme incline la tête en signe de déférence.

– Eugène Schneider, des Aciéries du Creusot.

– Oui, Monsieur ?...

– Je suis venu aux ordres de Votre Majesté.

L'œil éteint du roi d'Égypte n'a d'égal que l'étonnement de l'autre au constat de la parfaite indifférence que sa présence, et surtout son nom, provoquent chez son altesse.

Eugène Schneider, alors maire du Creusot, est à la tête de la plus grosse entreprise de fonderie en France et s'il a fait ce déplacement à Vichy, c'est à la demande expresse de ce roi barbu qui semble sortir tout droit d'un narguilé à l'eau de rose.

– Monsieur !

Le pire, c'est que son altesse reprend sa lecture, dans un geste qui ressemble fort à une fin de non-recevoir.

Égaré, M. Schneider jette un regard autour de lui et un maître d'hôtel, devinant son embarras, l'entraîne un peu à l'écart.

– Enfin, dites-moi, ce monsieur, est bien Ismaïl Pacha ?

Soucieux de ne pas faire de scandale, l'employé de la station thermale où se déroule cette scène pittoresque entraîne délicatement M. Schneider un peu plus loin.

– Oui Monsieur, c'est lui en effet.

Alors, baissant le ton, le grand patron des Aciéries du Creusot explique qu'il a reçu la veille un télégramme du vice-roi d'Égypte lui demandant…

Il a d'ailleurs sur lui le télégramme et il le montre au maître d'hôtel.

Prier M. Schneider venir rejoindre urgence Ismaïl Pacha Grand Hôtel Célestins Vichy.

C'est, en effet, on ne peut plus clair. Le problème, c'est que son altesse, alors en cure, ne semble pas au courant, il y semble si peu d'ailleurs qu'il s'est levé, abandonnant son journal, et il s'en va sans même jeter un regard vers l'homme qu'il a convié d'urgence… Sans doute pour une commande, avec ce canal qu'ils sont en train de percer en Égypte. *Le problème*, c'est que ce télégramme n'était pas du tout destiné à M. Schneider mais à Mlle Schneider, Hortense de son prénom, la célèbre cantatrice, de laquelle Ismaïl Pacha était tombé follement amoureux. Elle triomphait, en cette année 1867, aux Variétés dans *La Grande duchesse de Gérolstein* d'Offenbach et avait eu quelques bontés pour le vice-roi d'Égypte peu avare de richesses et de compliments. La presse de cette époque n'avait d'ailleurs rien à envier à notre presse people actuelle. Faute de photos, des caricatures faisaient la une de la presse à sensation où Hortense était « finement » surnommée « la matrone des fezs » ou encore « la Vénus qu'Ali pige » ou alors « le passage des Princes ».

Parti en cure à Vichy, où il s'ennuyait ferme, Ismaïl Pacha avait fait envoyer ce télégramme qu'un ignare ou un facétieux (!) avait fait parvenir au roi des Aciéries du Creusot, transformant le Mlle en M. L'histoire ne dit pas comment M. Schneider prit connaissance du quiproquo ni comment il réagit. La presse, elle, se gaussa. Quant à Hortense qui, à l'occasion de l'Exposition internationale de 1867, ne pouvait quitter son spectacle en plein succès, elle promit au beau Pacha de venir faire un séjour en Égypte l'année suivante. Ce qu'elle fit. Accueillie comme une princesse des *Mille et une nuits*, elle alla visiter les travaux en cours du canal de Suez où bon nombre de machines en fonte portaient son nom : « Schneider–Le Creusot ».

LA SULTANE BLONDE

Ding di ding… Ding di ding… Précédé d'un diacre qui agite sa sonnette, un prêtre, enserrant dans son étole les sacrements de l'extrême-onction, s'achemine à grands pas vers une mourante.

Jusque dans les années 1950, cette scène était quasiment courante dans les rues de nos villages, où les passants s'inclinaient pour les femmes, ou se découvraient pour les hommes en faisant le signe de la croix au passage du Saint-Sacrement.

Mais, lorsque cette même scène se passe à Constantinople il y a deux siècles et que l'on voit le prêtre catholique pénétrer dans le palais du sultan, c'est déjà plus insolite. Ensuite, lorsque la porte même du harem s'ouvre devant lui… ça atteint le seuil de l'incompréhension… « C'est pour la caméra cachée ou quoi ? »

Pourtant, c'est ce qui s'est passé quelques jours avant Noël, en 1817, jour où le supérieur du couvent des Capucins de Constantinople, le père Chrysostôme, s'en vint porter le saint viatique à la Sultane Blonde.

Ça ne s'était jamais vu, et ça ne s'est jamais reproduit depuis à notre connaissance. Cette situation exceptionnelle fut due à l'une des plus étonnantes destinées qui soit. Celle d'Aimée du Buc de Rivery, la Sultane Blonde, morte et vénérée encore aujourd'hui dans son mausolée d'Istanbul, ci-devant Constantinople ou Byzance.

Elle aurait pu prétendre à un destin comparable à celui de Joséphine de Tascher de la Pagerie dont elle était cousine, née comme elle en Martinique de parents planteurs sucriers et « rhumiers ». Comme la future impératrice, elle avait eu une bonne et belle éducation et, de plus, blonde comme les blés, le minois charmant, espiègle et pétillante, elle avait tout pour réussir sur le Vieux Continent alors en pleine ébullition… C'était sans compter sur les pirates alors barbaresques.

Tandis qu'en famille, elle voguait sur les flots atlantiques, son bateau est arraisonné et la voilà, à douze ans, prisonnière des pirates. Je laisse à penser la peur, les tourments et les transes qu'elle endura en cette période où l'esclavage était monnaie courante, donc source de négoce. Vendue à Alger et achetée par le dey, celui-ci séduit par sa beauté juvénile, qui l'avait sans doute protégée des pires « choses », va l'offrir au sultan de Constantinople, lequel en fera, le temps aidant, une de ses favorites.

On suppose que son intelligence égale à sa beauté lui vaudra auprès de son sultan et maître une considération certaine. Des années plus tard, elle correspondra avec sa cousine Joséphine que le destin aura faite Mme Bonaparte, épouse Napoléon.

Devenue la mère, puis l'éducatrice, enfin la conseillère avisée autant que vénérée du nouveau sultan Mahmoud II, elle deviendra la bienfaitrice des pauvres, des orphelins et des malheureux d'Istanbul, lui donnant droit au titre rare et envié de Nakchidil (reine mère empreinte de cœur à la beauté sculpturale). Surnommée aussi la Sultane Blonde, Aimée du Buc de Rivery, devenue musulmane par force voilà deux siècles, mais ayant accepté son destin, mieux, l'ayant transformé en destinée, reçoit aujourd'hui encore les hommages des deux religions.

Si « Dieu le veut » pour les uns, « *Inch'Allah* » pour les autres qui sont très souvent l'apanage des Hommes de bonne volonté… des Femmes aussi, la preuve.

VOUS MOURREZ PRÈS DE SAINT-GERMAIN

« Vous mourrez près de Saint-Germain » ou « Méfiez-vous de Saint-Germain ! »

Cette phrase, sans doute prononcée par le mage Ruggieri à la veuve d'Henri II provoqua chez Catherine de Médicis un traumatisme évident qui allait perturber les dix-sept années lui restant à vivre.

Première décision : ne jamais remettre les pieds au château de Saint-Germain-en-Laye, résidence préférée de feu son beau-père, François Ier, dont elle détestait le confort glacial.

– M'en fous, j'ai jamais aimé.

À la réflexion, et par prudence : exclure de sa vision la riche abbaye de Saint-Germain-des-Prés et même faire un détour pour ne pas passer près de ses murs au sud-est de Paris.

– Rien à y foutre !

Enfin, et pour mettre toutes les chances de son côté, s'éloigner de Saint-Germain l'Auxerrois, l'église paroissiale du Louvre et des Tuileries qu'elle était précisément en train de faire construire en contrebas du palais des rois de France.

Usant du pouvoir qu'elle avait sur les finances royales, elle acheta des terrains et délogea des bonnes sœurs en plein cœur de Paris pour se faire construire l'« Hôtel de la Reine » à proximité de Saint-Eustache.

C'était, dit-on, un palais splendide, plus beau que le Louvre et les Tuileries réunis, avec des galeries richement décorées, des pièces d'apparat garnies d'objets d'art, où les réceptions les plus mondaines purent se dérouler avec la bénédiction du clergé de Saint-Eustache, dont la reine mère était devenue la plus célèbre des paroissiennes.

Les vicissitudes de l'Histoire font que rien ne subsiste aujourd'hui de cette magnifique résidence, à part une modeste tour, dite « Tour astronomique », accolée à la Bourse du commerce, au forum des Halles. Comme rien ne la distingue de la grosse masse dans laquelle elle est quasiment fondue, peu de touristes la connaissent alors qu'elle est digne du plus grand intérêt.

Haute de trente et un mètres, elle abrite un escalier de cent quarante-sept marches qui aboutit à une plate-forme sur laquelle une sorte de planisphère est scellé. À mi-hauteur de la tour, une porte communiquait directement avec la chambre de la reine mère. Étant donné l'âge de celle-ci, l'encombrement de son vertugadin, qui gonflait les robes de l'époque, et l'étroitesse de l'escalier, on l'imagine mal monter regarder les étoiles.

En fait, personne ne sait vraiment à quelles fins cette tour fut construite ni qui l'empruntait. Par facilité historique, on l'a classée « astronomique » à cause précisément du mage Ruggieri, auquel la reine mère était attachée comme à “la prunelle de ses vœux”! En outre, cette tour montre sur son fut le monogramme H et C, d'Henri II et Catherine, avec les coins du C bien sortis du H et non pas accolés comme au Louvre où cela devient H et D comme Henri et Diane de Poitiers. Donc, la reine Catherine résidait là, avec des souvenirs plutôt amers. D'abord, son mariage avec Henri II, lequel continua ses relations sexuelles avec la « putain du Roy », Diane de Poitiers. Ensuite, la mort du roi avec une lance dans l'œil alors qu'elle lui avait dix fois répété :

– Ma qué ça finira mal ces conneries-là !

Entretemps, elle mettra au monde dix enfants, dont seuls sept vécurent et trois seront rois sans descendance.

Pour le moment, en cette année 1589, malgré ses soixante-dix ans, la reine mère, qui voyage en sleeping d'époque, s'est déplacée à Blois accompagnée de son « escadron volant ». Il s'agit d'une vingtaine de jeunes filles triées sur le volet, d'excellente éducation, qui prennent langue avec l'élite locale, chargées qu'elles sont « d'apaiser l'ardeur belliqueuse des mâles ». « Honny soit qui mal y pense ! », comme on dit outre-Channel... On a souvent fantasmé sur ce fameux « escadron », confondant le but fixé par la Médicis avec celui de Madame Claude. Le choix de ces ambassadrices de charme était fait en fonction du fait qu'elles devaient « inspirer le respect et la courtoisie »... et non la galanterie, nuance ô combien sensible depuis le Paradis perdu pour une malencontreuse histoire de pomme.

Donc, à Blois, où viennent de se dérouler deux événements de la plus haute importance, les états généraux et l'assassinat du regretté duc de Guise, la reine mère, qui en a digéré d'autres, ne se sent pas bien. Loin de tout « Saint-Germain », elle n'a aucune raison de s'alarmer, mais on ne sait jamais.

– Qu'on me mande un confesseur, je voudrais communier !

Ses désirs étant des ordres, quelques instants plus tard, un jeune prêtre de Blois se presse à son chevet. Après l'avoir entendue en confession, il lui prodigue tous les soins moraux que lui confère sa prêtrise.

- *Ego te absolvo a peccatis tuis*... (souvenir d'enfant de chœur !)

Rassérénée par cette transaction divine qui la protège et la requinque, Catherine interpelle le jeune vicaire qui s'apprête à quitter la chambre.

– Je vous ferai porter quelques subsides l'abbé... Votre nom, je vous prie ?

Revenant sur ses pas et s'inclinant devant cette majesté qui en fait règne sur la France depuis la mort d'Henri II, c'est-à-dire trente ans très exactement, l'abbé baille humblement son nom.

– Je suis l'abbé Julien de Saint-Germain !

Se tassant un peu plus sur ses oreillers, la vieille Florentine comprend qu'on n'échappe pas à son destin. Ici s'arrête sa vie.

L'histoire ne précise pas si l'abbé de Saint-Germain reçut la récompense promise par Catherine de Médicis, mais on sait qu'elle mourut dans les jours qui suivirent, peut-être même le lendemain selon certains historiens.

Elle avait soixante-dix ans, une belle carrière dans l'histoire de France et quelques morts de la Saint-Barthélémy sur la conscience (3 000 à Paris, 10 000 en province).

Six mois plus tard, son dernier fils-roi Henri III sera assassiné, mettant fin à la dynastie des Valois qui cèderont la place aux Bourbon, lesquels, d'Henri IV à Louis XVI, fourniront au peuple, aussi républicain que souverain, des lieux somptueux à visiter gratuitement lors des Journées du patrimoine. Merci les rois !

Si Catherine avait su que ni ses « Tuileries » (brûlées en 1871) ni son « Hôtel de la Reine » (dont il ne reste qu'une tour aussi invisible qu'invisitable) n'en feraient partie, peut-être aurait-elle regretté plus encore ce sort funeste qui la fit mourir comme prévu, non pas à Paris… mais à Blois, près de Saint-Germain.

LE SUICIDE DE NAPOLÉON IER

– Mon général, mon général, venez vite, un malheur est arrivé…

Tiré de son sommeil, Caulaincourt se dresse sur son séant.

– L'Empereur ?

Roustan, le mamelouk qui depuis quinze ans suit Napoléon comme son ombre, bougeoir en main, se tient devant lui, le visage ravagé par l'angoisse.

– L'Empereur va mourir, il ti réclame, ti vinir vite !

Caulaincourt jette un œil à sa montre : 3 h… Voilà deux heures qu'il s'est couché. Nous sommes le 13 avril 1814 au château de Fontainebleau et, la veille, Napoléon, trahi de tous les côtés par la défection de son entourage, s'est laissé aller à un découragement imprévisible chez un homme de sa trempe.

– La vie m'est insupportable !

Tout en s'habillant à la hâte, le grand écuyer se remémore cette phrase qu'il n'a pas prise à la légère, mais non plus au tragique. « La vie m'est insupportable ! »

En arrivant près de l'Empereur, Caulaincourt comprend tout de suite que la phrase n'était pas dite au hasard. Il savait que, depuis la retraite de Russie, le lendemain du jour où il avait failli être fait prisonnier par une troupe de cosaques, Napoléon avait demandé à Yvan, son médecin, un poison violent « au cas où… » Le sachet éventré sur la table de nuit et le verre à eau souillé à côté prouvaient que le « cas où… » avait été ingéré dans la nuit.

L'œil déjà éteint, entendant Caulaincourt, le moribond désigne une lettre posée à côté du verre, et, entre deux spasmes, murmure :

– Pour l'Impératrice.

Le médecin Yvan, alerté d'urgence, accourt, prend le pouls, hoche la tête. Une sueur glacée perle sur le visage de l'Empereur.

– Que j'ai du mal à mourir, donnez-moi une autre dose…

Yvan recule, horrifié à l'idée qu'on puisse l'accuser d'avoir empoisonné l'Empereur… le rêve de la perfide Albion et tant d'autres :

– Il n'en est pas question… Je vais même vous donner…

Et sous prétexte d'aller chercher un contrepoison, Yvan sort précipitamment de la chambre… On ne le reverra plus…

Comme le mourant souffre le martyre, le fidèle Caulaincourt (surnommé le « Caulain qui court » car il était chargé du courrier et des dépêches de l'Empereur), essaye de lui faire boire un verre d'eau.

– Buvez Sire, cela vous soulagera !

Dans un grand effort pour se redresser, Napoléon s'agrippe au bras de Caulaincourt. Il fait le geste qu'il veut parler… Ses lèvres tremblent.

– France… Tête d'armée…

Son corps s'écroule mollement sur l'oreiller, un râle sort du plus profond de son souffle de vie. Napoléon est mort !

Rassurez-vous, je ne suis pas devenu fou ou amnésique, je sais que ces paroles « France… Tête d'armée… » seront les dernières qu'il prononcera, quelques années plus tard, loin de Fontainebleau, à Sainte-Hélène.

Entretemps, il aura vécu l'île d'Elbe, le vol de l'aigle de Golfe-Juan aux Tuileries pour ses Cent Jours, et puis Waterloo, et puis l'exil à Longwood, histoire d'écrire *Le Mémorial*… son histoire, sa légende. Cette formidable épopée d'un p'tit Corse, devenu lieutenant remarqué à Toulon, général en Italie, consul, Premier consul pour finir Empereur. Remarquable administrateur, sachant s'entourer des « meilleurs » en temps de paix comme en temps de guerre. Faisant de la France, inventrice des « Droits de l'homme et du citoyen », la preuve éclatante qu'on pouvait très bien se passer des rois et de leurs familles de nobles héréditaires.

Alors, il l'a bu, ce verre d'eau que lui tendait Caulaincourt. Il en a même bu un autre, non pas pour échapper à la mort mais pour soulager cette douleur insupportable qui lui labourait l'estomac.

Évidemment, vous vous direz comme je m'étais dit : pour mourir, il y avait plus radical pour un soldat, un coup de pistolet, au cœur ou dans le « caisson »...

Napoléon s'en est expliqué par la suite car, vous imaginez bien qu'il y avait pensé, évidemment, un homme qui avait soumis l'Europe entière et l'avait quasiment conquise par sa grandeur... sauf l'Anglais qui, finalement, ne faisait sans doute déjà pas partie de l'Europe.

Napoléon avait pensé qu'après sa mort, sa dépouille, étant appelée à être vue par ne serait-ce que ses proches, se devait d'être intacte. Comme « quelqu'un qui dort ». Seul le poison pouvait convenir à cette condition post-impériale-mortem.

Donc, il a bu son verre d'eau et ce verre d'eau a provoqué des vomissements qui ont agi comme un lavage d'estomac...

Alors, Napoléon a pensé que, comme la camarde ne voulait pas plus de lui au lit que sur un champ de bataille, où les boulets et les balles avaient si souvent sifflé à ses oreilles, il devait vivre.

Puisque cette dose d'opium et de belladone que le docteur Yvan lui avait donnée en disant « c'est assez fort pour tuer deux hommes », n'avait pas eu raison de sa volonté d'en finir... il dira :

– La Fortune me réserverait-elle de nouveaux outrages ?

Le mot « outrage » n'avait-il pas une connotation d'« aventure » ?

Mais, pour en finir avec cet avatar qui aurait dû et pu changer la légende napoléonienne, tandis que l'Empereur se remettait physiquement et moralement de ce suicide manqué, autour de lui les désertions et les « sauve-qui-peut » se multipliaient.

Déjà que Marie-Louise, son épouse avec son fils, à Blois, était restée sourde à son appel de venir le rejoindre à Fontainebleau, que Ney, Macdonald, Berthier s'étaient mis au service des Bourbon triomphants grâce à la coalition victorieuse. Pire, car plus quotidien puisqu'ancillaire, Constant, le fidèle valet de chambre, depuis douze ans à son service, venait lâchement de disparaître. Même Roustan, le mamelouk que Bonaparte avait ramené avec lui d'Égypte, Roustan, qui depuis quinze ans avait souvent « dormi en travers de la porte » de son Dieu, venait lui aussi de filer « à l'anglaise », la pire des façons pour Napoléon.

Et ce sera *Les Adieux de Fontainebleau*, célèbre toile d'Horace Vernet où l'on voit le dernier carré des fidèles, au pied de l'escalier en fer à cheval, entouré de la vieille garde qui présente les armes.

– Adieu mes enfants, je voudrais vous presser tous sur mon cœur… Que j'embrasse au moins votre général, votre drapeau !

Dans un geste qui pourrait être théâtral, mais qui, de l'avis même de la délégation des Alliés témoins de la scène, fut d'une grande sincérité, le « p'tit tondu » ouvrit tout grands ses bras. Le général Petit qui commandait la Garde se jeta contre lui, faisant tomber son chapeau à plumes noires. L'empereur le pressa sur son cœur, au comble de l'émotion, puis il alla embrasser longuement le drapeau qu'un vieux grognard tenait d'une main, l'autre dissimulant son visage pour masquer des sanglots peu compatibles avec le glorieux uniforme qu'il portait.

– Adieu mes vieux compagnons, encore une fois, adieu…

On n'entendait qu'un gémissement dans tous les rangs, écrira un témoin. Le grand maréchal Bertrand ouvrit la portière de la berline stationnée là. Sans se retourner, pour masquer ses larmes, Napoléon s'y engouffra. Bertrand vint s'asseoir à ses côtés et claqua la portière…

« Adieu », avait dit l'Empereur… Pensait-il déjà « au revoir » ?

LE PLUS VIEUX PONT DE PARIS : LE PONT NEUF

– Qué cé cette mise extravaganté ?

Cette réflexion de la reine mère Catherine de Médicis à sa belle-fille Louise de Vaudémont n'attira de la part de celle-ci qu'un geste d'impuissance.

Elles ne savaient que trop bien, l'une et l'autre, les raisons de cet accoutrement du roi, fils de l'une et mari de l'autre[8].

Arrivant du Louvre en barque fleurie, Henri III venait poser, en ce samedi 31 mai 1578, la première pierre du pont Neuf, sous une pluie battante.

---

8. L'opposition protestante puis la tradition populaire ont fait d'Henri III un homosexuel archi-caricatural. Aujourd'hui, les historiens auraient plutôt tendance à confirmer au contraire son goût prononcé pour le beau sexe. Il se maria avec Louise de Vaudémont qui lui rappelait physiquement son grand amour pour Marie de Clèves, morte en couches à vingt et un ans, avant qu'il n'ait obtenu son divorce. Son penchant pour le raffinement et l'hygiène corporelle, bien négligés sous Henri II son père par les amateurs de chasse et de tournois, firent dire qu'il n'était qu'un efféminé porteur de bijoux, alors qu'il ne recherchait que l'élégance et la majesté. Amateur de dames galantes, son penchant pour les parties fines en compagnie de joyeux lurons expliquerait cette réputation de folle tordue totalement contraire au vrai personnage. Ses assiduités auprès de son épouse la reine Louise se solderont par plusieurs fausses couches. Assassiné par un moine demi-fou, à l'âge de trente-sept ans, Henri III, roi raffiné, mourra sans héritier. La couronne de France ira sur la tête de son cousin Henri de Navarre, lequel aimait l'ail, la chasse et les jeunes filles. Contrairement à son prédécesseur, Henri IV « puait fort du gousset » (aisselles), ce qui ne l'empêcha pas d'être assassiné, comme lui, par un illuminé.

La tenue du roi jurait en effet, avec les habits de fête portés par toute la cour, en grande tenue, qui l'attendait sur la rive gauche. Le monarque était tout vêtu de noir de la tête aux pieds, même l'épée et son fourreau étaient couleur corbeau. De plus, un collier formé de têtes de mort en ivoire bringuebalait sur son pourpoint.

Ce matin-là, le roi avait enterré deux de ses mignons favoris, Quélus et Maugiron, décédés à la suite d'un duel qui leur avait occasionné de multiples blessures quelques semaines auparavant.

– Et en plous, il pleure !

C'est donc d'un roi au visage ruisselant de pluie mêlée de larmes que ce nouveau pont parisien reçut symboliquement sa première pierre. Seules les piles émergeaient de la Seine.

Comme tout se répétait et se commentait déjà à l'époque grâce à un bouche à oreille moins rapide mais aussi efficace qu'Internet, le futur pont fut appelé le « pont des pleurs » pendant des lustres…

Et comme un lustre fait cinq années, il faudra attendre cinq lustres pour que Henri IV, monté sur le trône à la mort d'Henri III, inaugure une première fois le pont Neuf à peine fini. Comme il s'apprête à monter sur un tablier de planches disjointes, Vitry, le chef de sa garde personnelle, le met en garde de le faire :

– Et pourquoi, ventrebleu ?, s'enquiert le roi.

– Certains, qui ont tenté l'aventure, sont tombés à l'eau et ont péri, Sire.

– Et alors ?, repartit le Vert Galant, il n'y en a pas un de tous ceux-là qui fut roi comme moi !

De fait, le Béarnais traversa sans encombre ce nouveau pont d'un genre inédit, puisqu'il était conçu pour la première fois sans habitations, lesquelles donnaient à la construction un poids assurant une assise plus grande en temps de crue.

Autre nouveauté, le pont Neuf reliait les deux rives d'un seul tenant prenant appui en son centre sur la pointe de l'île aux Juifs d'un côté et l'île Notre-Dame de l'autre, ce deuxième lieu étant destiné à devenir la place Dauphine.

Il faudra attendre encore quatre ans pour que le pont Neuf soit achevé et inauguré cette fois par un Henri IV, non à pied, mais monté sur son fameux cheval blanc dont on cherche la couleur depuis des siècles[9].

Pour l'achèvement des travaux, Sully avait instauré une taxe sur les vins qui perdure encore. Aujourd'hui, lorsque vous découpez la capsule à tête de Marianne en haut de la collerette du goulot d'une bonne bouteille, vous participez à l'achèvement d'un pont de Paris inauguré par Henri IV, voici plus de quatre cents ans... À votre bonne santé !

Avec ses deux cent quatre-vingt mètres de long et surtout ses vingt mètres de large (comme la rue de Rivoli), le pont Neuf satisfait encore de nos jours la circulation locale, et les piétons peuvent admirer une vue que Catherine de Médicis et ses fils avaient voulu se conserver depuis les fenêtres des palais du Louvre et des Tuileries.

À l'origine, une pompe élévatrice, destinée à fournir de l'eau aux jardins des deux palais royaux, fut accolée au pont. Sur sa façade, une plaque de bronze montrait la scène biblique où La Samaritaine, près de la fontaine où Jésus est assis semble lui dire :

– Comment toi, un Juif, tu demandes à boire à une femme de Samarie ?

– Si tu connaissais celui qui te dit : donne-moi à boire, c'est toi qui aurais demandé et il t'aurait donné de l'eau vive...

Appelé La Samaritaine lorsque la pompe, devenue obsolète, fut démolie sous Napoléon III, un certain monsieur Cognacq installa sa première échoppe dans l'encorbellement de l'ancien monument. Puis, il ouvrit un petit magasin, à côté sur la rive droite, lequel grandit pour devenir... La Samar... i... taine, puis La Samar, tout ça à cause d'une pompe d'eau.

---

9. La fameuse question idiote de notre enfance « Quelle était la couleur du cheval blanc d'Henri IV ? » a trouvé quelques réponses, lesquelles, à défaut d'être convaincantes, faute de preuve, n'en sont pas moins pertinentes, compte-tenu qu'un cheval, vraiment blanc, n'existe pas... Il est gris ou crème. Alors :

• Ce serait le nom du cheval, « Blanc » avec un B majuscule qui ne fait pas de différence avec un b minuscule lorsque l'on pose la question... Donc réponse : gris.

• Il s'agirait d'un cheval albinos aux yeux rouges. Réponse : albinos.

• Il se serait agi du « cheval Blanc » grand cru saint-émilion que le Béarnais aurait préféré au jurançon de la chanson... La réponse serait donc : Rouge.

Plus benoîtement, je préfère la réponse que nous donnait mon grand-père : « C'est une question idiote pour les petits imbéciles qui se donnent le mal de chercher. »

Du vivant d'Henri IV, une statue équestre en bronze du « bon roi » fut commandée par les échevins de Paris. Coulée en Italie, elle sombra durant le transport. Repêchée, elle ne fut inaugurée que sous Louis XIII, le fils un peu trop sensible de son « vert galant » de père.

Brisée et fondue sous la Révolution, cette première statue équestre à Paris fut refaite et remise en place sous Louis XVIII. C'est celle que nous voyons aujourd'hui. Son bronze provient malicieusement d'une statue de Napoléon qui trônait place Vendôme et fut fondue au profit du nouvel Henri IV. Il se trouve que le fondeur, fervent bonapartiste, glissa dans l'avant-bras de la statue une statuette de l'Empereur, si bien qu'aujourd'hui, en prêtant l'oreille, on peut entendre, dit-on, le Vert Galant marmonner :

– Ventre saint gris ! Qu'est-ce qu'on m'a foutu dans l'avant-bras qui m'démange ma royale popularité ?

Ce crime de lèse-dynastie a été récemment confirmé par une micro-caméra introduite dans cet avant-bras béarnais.

Ravalé récemment, ce « plus vieux pont parisien » s'est révélé être en pleine santé, confirmant le dicton populaire qui veut qu'on se porte… comme le pont Neuf.

LA PAÏVA : DU BITUME À L'ESCALIER D'ONYX

Un fiacre allait, trottinant... cahin... caha... hu dia, hop là...
Derrièr' les stores baissés... cahin... caha... hu dia hop là...
On entendait...

Non pas des baisers, mais la voix courroucée d'un homme, suivi d'un véritable tohu-bohu, la portière s'ouvre et une dame est éjectée du fiacre qui poursuit sa route...

Cahin caha hu dia hop là...

Il n'était peut-être pas «*jaune avec un cocher blanc*», comme dans la chanson d'Yvette Guilbert, les Champs-Élysées n'étaient pas encore revêtus de «*pavés de bois*», mais la dame, qui avait roulé les quatre fers en l'air, jurait et vitupérait à l'encontre de ce malappris, ce voyou ! (et autres noms d'oiseaux) lequel, ayant refermé la portière, s'éloignait en direction de l'obélisque de la Concorde, posé là comme un point d'exclamation !

Cette dame s'appelait Esther Lachmann, elle s'était évadée de la misère dans laquelle elle croupissait auprès de son tailleur de mari à

Moscou et vivait plus ou moins de ses charmes, quand son protecteur parisien n'avait pas été suffisamment généreux.

Belle et élégante, piquante d'esprit, elle commençait à avoir une certaine cote dans les salons parisiens, où son compagnon, pianiste, avait ses entrées. C'est là qu'elle draguait... de quoi se payer de belles robes...

Tout s'était bien passé jusqu'au jour où ce salaud, cette pourriture, cette charogne la vira littéralement du fiacre où elle était en pleine « conversation intime ».

Comme elle se relevait de sa chute, au milieu des passants, aveugles bien entendu, « Thérèse » racontera qu'elle fixa dans sa mémoire l'endroit exact des Champs-Élysées où elle était tombée du fiacre, se jurant :

– Ici, je me ferai construire le plus bel hôtel particulier de l'avenue !

Aujourd'hui, au numéro 35 de la plus célèbre avenue du monde, on peut toujours admirer (quoiqu'un peu masqué par une construction récente) le plus somptueux hôtel particulier construit sous Napoléon III : l'hôtel de la Païva.

Le parcours de cette « cocotte » laisse rêveur. Après bien d'autres péripéties trop longues à détricoter ici, en 1851, « Thérèse » rencontre un marquis portugais, Arango de la Païva, qui, amoureux fou, l'épouse. Dès le lendemain, elle lui fait comprendre que sa vie de marquis n'a rien de commun avec la sienne, toute en allers et retours, de fêtes en sauteries. Le pauvre homme ne comprenant pas vraiment ce qui lui est arrivé sur le coin du blason finira par se suicider, en proie à la plus grosse déprime qu'un marquis portugais n'ait jamais connu depuis Christophe Colomb.

Devenue veuve, la marquise de la Païva « ferra » un jour le gros poisson en la personne du cousin de Bismarck, lequel, amoureux comme un gardon, sera amené aux Champs-Élysées en grand équipage.

– C'est ce terrain-là que je veux pour mon hôtel Renaissance avec un escalier d'onyx...

– Doenitz ? Karl Doenitz, l'amiral d'Adolf ? (Phrase on ne peut plus suspecte !)

– Non, onyx pierre, contrairement à sa mauvaise réputation, l'onyx est une pierre qui vous préserve de l'influence des autres et protège contre les accidents, Onyx !

– Onyx ? Pierre, Che connais pas !

Voilà comment, entre 1856 et 1865, on vit s'ériger sur le côté sud des Champs-Élysées ce somptueux hôtel Renaissance dont on peut toujours admirer le superbe escalier d'onyx… pierre

Dans le début des années 1860, Aurélien Scholl, célèbre journaliste du *Figaro*, entre dans la salle de rédaction du journal.

– Je reviens des Champs-Élysées, il y avait un monde !

– Ah ! Vous êtes passé devant l'hôtel de la Païva.

– Bien sûr.

– Alors ? Où en sont les travaux ?

Un temps, et Aurélien Scholl, très cool :

– L'essentiel est fait, on a posé le trottoir !

BELLILOTE IMPÉRATRICE SI ? SI !

– Je suppose, Madame, que vu le charme qui émane de votre personne, vous avez trouvé ici bon nombre de soupirants auxquels vous avez accordé vos faveurs !

La jeune et jolie dame qui marchait aux côtés de Bonaparte s'arrêta net, peut-être même qu'elle rosit sous l'allusion directe du commandant en chef.

– Mais non, Général, j'aime mon mari et je ne l'ai jamais trompé.

Le vainqueur des Pyramides et du Caire planta ses yeux d'aigle dans ceux de la belle épouse de vingt-et-un ans du lieutenant Fourès et ce qu'il y lut piqua sûrement sa curiosité. Il jeta un regard vers son officier de mari que Duroc avait astucieusement intercepté et avec lequel il conversait à quelque distance de là.

– C'est bien, dit-il en reprenant sa marche, nous nous reverrons bientôt !

Duroc rejoignit Bonaparte et Fourès récupéra son épouse.

– Que t'a-t-il dit ?, demanda celui-ci, un brin de soupçon dans la voix.

– Oh ! rien. Des compliments, des bêtises.

Jusque-là, tout était vrai et sincère. Très éprise de son mari, Pauline Fourès, dite Bellilote (surnom venu de son nom de jeune fille Bellisle), se trouvait en Égypte avec les troupes de Bonaparte par amour. Dès son mariage, elle lui avait déclaré clair et net :

– Je ne te quitte plus, là où tu vas, je serai.

Voilà pourquoi, alors qu'il était formellement interdit aux soldats et officiers en partance pour l'Égypte de venir accompagnés, ce qu'avait observé même Bonaparte, elle était là. Déguisée en chasseur à l'embarquement et réfugiée dans la cale avec les chevaux pendant le voyage, elle débarque à Alexandrie. Grâce à la complicité des soldats, que cette présence amuse, elle suit avec courage et endurance les batailles des pyramides et du Caire. La troupe la considère comme un porte-bonheur et voilà comment, ce jour-là, ayant troqué ses habits militaires contre une de ces robes affriolantes du Directoire, elle a attiré l'attention du grand sultan Bonaparte, vainqueur adulé de ses soldats et de tout un peuple égyptien subjugué par son charisme.

Bonaparte est alors en pleine crise. Il vient d'apprendre qu'il est cocu ! Lui, le grand capitaine des armées de la Révolution. Une lettre de son frère lui a appris que Joséphine s'affichait sans vergogne avec son amant, un certain Hippolyte Charles, viril lieutenant des Hussards.

Bonaparte est frappé par la foudre. Il sacre (avant l'heure), casse, vitupère, se cogne la tête contre les portes. Fou de rage, il écrit à son frère :

– Je divorce. Prépare les papiers, j'arrive…

Et c'est là qu'il croise la silhouette charmante de Bellilote. C'est le coup de foudre du désir et de la vengeance réunis. Elle est jeune, piquante, a bravé tous les dangers et interdits pour suivre son mari ? Belle preuve de caractère pour un homme de la trempe des César. Le général Duroc, son homme de confiance, fait parvenir à Bellilote une lettre discrète… pas de réponse, un bracelet de diamants… pas de retour !

Une invitation officielle parvient au « Lieutenant Fourès et Mme » pour une grande réception dans une semaine. Tout le monde jubile, se prépare, lorsque, patatrac, deux jours avant, le lieutenant Fourès reçoit un ordre aussi précis qu'impératif :

– Mission de confiance pour le Consulat à Paris, des lettres urgentes à remettre en mains propres. Départ immédiat.

Le général Duroc intervient en personne. Fourès, d'abord soupçonneux puis flatté, accepte…

Et voilà comment, le soir de l'invitation officielle, parée des bijoux que Bonaparte lui a offerts, Mme Fourès capitule et devient la maîtresse du grand sultan…

Bonaparte installe sa nouvelle conquête dans un palais des « mille et une nuits ». Il sort et parade tous les jours avec Bellilote, ravie à ses côtés, tandis que « toutes cornes au vent », le mari vogue vers de lointains rivages...

Erreur profonde ! Les vaisseaux de la perfide Albion interceptent le bateau à bord duquel le « lieutenant Fourès » est identifié. Comme les espions anglais connaissent tout des faits et gestes de Bonaparte au Caire, ils n'ont rien de plus pressé, mine de rien, que de rapatrier le mari de la nouvelle compagne de leur ennemi, non pas en France mais à Alexandrie...

À peine arrivé au premier poste militaire, Fourès apprend son infortune, rejoint Le Caire et, malgré les obstacles mis en place par Duroc, réussit à avoir un tête-à-tête avec « l'infidèle » (non pas musulmane, mais bonapartiste).

– Traîtresse, je demande le divorce.

– C'est comme tu voudras.

On dit que l'entrevue se termina par des noms d'oiseaux que votre éducation m'interdit de reproduire ici.

Résultat express : deux semaines plus tard, Pauline Fourès, redevenue Bellisle, avait divorcé et son ex était réaffecté à Alexandrie...

Bonaparte réagit en vainqueur à cette nouvelle bataille.

– Te voilà libre, je vais l'être bientôt moi aussi, alors on se marie.

Eh oui ! Nous en étions là. Bonaparte, qui considérait les femmes comme une place forte à conquérir par tous les moyens, était prêt à convoler avec Bellilote. Pour cela, il aurait fallu...

Mais l'événement n'eut pas lieu. Une phrase rapportée par Junot résume parfaitement l'état d'esprit du futur Empereur en cette période où il commençait à croire en son immense destinée :

– C'est une sotte qui ne sait même pas être mère...

À quoi ça tient le destin d'une femme ! Si Bellilote lui avait annoncé un jour, comme le font toutes les dames qui « ont du retard »...

– Tu sais, « Bobo »... (Le surnom intime qu'elle lui donnait n'étant pas venu jusqu'à nous, je trouve que celui-là l'aurait sans doute fait rire !)

Joséphine n'aurait peut-être jamais été couronnée impératrice à Notre-Dame, le roi de Rome aurait été alors de mère ariégeoise... Mais on ne réécrit pas l'Histoire, avec des si.

Persuadé que l'aventure égyptienne ne pouvait que tourner court, et que son destin se forgeait en France, Bonaparte décida de repartir d'urgence et en secret pour Paris.

Il laissa le commandement à Kléber et rassura Bellilote :

– Kléber se chargera de te faire suivre au plus tôt.

Elle ne fut pas dupe. Pour se consoler, elle tombera dans les bras du général Kléber avant que celui-ci ne soit assassiné d'un coup de poignard au cœur par un étudiant syrien.

Revenue en France quelques mois plus tard, après avoir tenté vainement de revoir le Premier consul « trop occupé pour la recevoir », elle se résignera et fera d'autres heureux. Bonaparte, puis Napoléon, ne l'oublieront cependant pas complètement. À plusieurs reprises, ils lui feront allouer des « dépannages » substantiels.

Remariée deux fois, dont la seconde avec un capitaine de la Garde, le couple ira faire fortune au Brésil. C'est ce qui permettra à Bellilote de filer des jours tranquilles à Paris, où elle mourra, sous Louis-Philippe, à l'âge vénérable de quatre-vingt-onze ans.

Destinée étonnante que celle de cette petite provinciale dont le surnom « Belle-ilote » évoque une esclave chez les Spartiates plutôt qu'une impératrice éventuelle si…

Encore ce SI qui n'est toujours qu'une éventuelle supposition.

LA « RAGE » DE PASTEUR

– Louise ne supporte plus la lumière, elle bave énormément…

– Sa respiration ?

– Elle étouffe de plus en plus…

En entrant dans la pièce à peine éclairée, voyant la petite fille tourner son visage vers lui, Louis Pasteur a la confirmation que son traitement n'a pas fonctionné. Il n'est pas médecin, mais il connaît bien les symptômes qui déclenchent à coup sûr l'issue fatale de la rage.

Il aurait pu très bien, en apprenant les circonstances de l'accident survenu trente-sept jours avant l'arrivée de la petite Louise Pelletier, dix ans, dans son laboratoire de la rue d'Ulm, refuser le traitement. La gravité des blessures faites au visage par un chien saint-bernard et le délai depuis l'accident auraient justifié pleinement son refus.

– Vous auriez dû venir plus tôt !

Le succès de son traitement obtenu au mois de juillet dernier, sur la personne de Joseph Meister, âgé de neuf ans, avait placé Pasteur et son « vaccin » à la une de tous les journaux. Mieux, en octobre, le cas du petit berger Jupille, mordu en voulant sauver des enfants attaqués par un chien enragé, avait remobilisé l'intérêt de toute la France. Sauvé lui aussi, ce résultat avait hissé M. Pasteur et son sérum au rang des bienfaiteurs de l'humanité.

Un échec, à quelques mois de ces succès, ne risquait-il pas de tout remettre en question ? Sans même réfléchir plus avant, Pasteur avait pris courageusement sa décision.

– Même s'il n'y a qu'une chance sur dix mille, nous devons tenter de sauver cette pauvre enfant.

Et les piqûres avaient été administrées, comme pour les cas précédents, par les docteurs Granger et Vulpian.

Las, le traitement à peine commencé, les premiers symptômes de la rage firent leur apparition sur la petite fille.

Tenu au courant heure par heure, Pasteur décida de se rendre à son chevet.

À sa vue, l'enfant le reconnut, son regard s'anima, elle articula :

– Oh ! Monsieur Pasteur, je suis si contente de vous voir. Je voudrais que vous restiez avec moi…

Le célèbre biologiste prit la main de la petite fille et demanda une chaise.

– Je suis là, Louise, je ne bouge pas.

Et Louis Pasteur, alors âgé de soixante-trois ans, immense chercheur qui aura su toute sa vie reprendre avec bonheur des idées en jachère, abandonnées la plupart du temps par d'autres chercheurs, et y ajouter son génie de la synthèse, trouvant ainsi avec succès des vaccins ou des traitements sur les vers à soie, les porcs, les poules et trouvant aussi la fameuse « pasteurisation », cet homme de génie, salué dans toute la France pour ce couronnement de carrière, qui venait de mettre au point un vaccin contre la rage, va rester là, près de la petite Louise toute la journée, assistant, impuissant, à l'agonie de l'enfant. Lorsque la fillette tomba dans les symptômes de la fin, on vit ce grand bonhomme, bouleversé, s'éloigner en silence et s'effondrer en pleurs sur le pas de la porte.

– J'aurais tout donné pour la sauver…

La nouvelle, répercutée par une certaine presse déjà à l'époque avide de sensations fortes, ne se fit pas attendre.

Pasteur n'était pas seulement un « charlatan », il était devenu un « meurtrier ». D'après ses détracteurs, il ne guérissait plus la rage, mais il la donnait.

À l'Académie de médecine, un certain professeur Peter monta à la tribune pour émettre les plus grands doutes sur le traitement de « ce Monsieur Pasteur ». Il cita un cas de rage, soigné à Paris avec la nouvelle méthode, et qui lui aussi n'avait pu être sauvé.

– Il y a bien eu mort d'homme, c'est incontestable. Il s'agit maintenant de savoir **comment** est mort cet homme, puis **de quoi** il est mort.

Entretenue par la presse, la polémique va s'amplifier au point d'affecter la santé du grand savant. Les émotions, on dirait aujourd'hui le stress, accumulées par ces défaites faisant suite à ses victoires sur la maladie, vont obliger Pasteur à partir se reposer en Italie. C'est de là qu'il suivra cette bataille d'experts et contre-experts, ponctuée de lettres anonymes d'injures.

– Je ne me croyais pas tant d'ennemis !, dira-t-il avec infiniment de peine.

Enfin, avec le temps et les cas de réussite à répétition, Pasteur, appuyé par d'éminents professeurs, conquit la confiance de la majorité de l'Académie de médecine. Son ennemi le plus acharné, Peter, discrédité, se résolut au silence.

– Que Monsieur Peter, dans son opposition passionnée, continue à épier les échecs de la méthode. Le temps fera son œuvre et sera son juge comme il sera le nôtre… dira Pasteur en guise de conclusion.

Sept ans plus tard, le 27 décembre 1892, pour fêter le soixante-dixième anniversaire de Pasteur, des savants venus du monde entier, des artistes, des personnalités politiques réunies à La Sorbonne rendront un émouvant hommage au grand savant. Il mourra deux ans plus tard en odeur de légende, vénéré et admiré dans le monde entier.

Aujourd'hui, LA RAGE EST ÉRADIQUÉE en France depuis près d'un siècle et tous les jours, la « pasteurisation » des boissons, du lait, et la « stérilisation » du matériel médical et humain sont pratiquées un peu grâce à lui et à ses recherches.

Sur son bureau, mon grand-père Louis Rouland, teinturier de son métier à Saint-Sauveur-le-Vicomte dans le Cotentin, avait un petit buste de Pasteur. Je me souviens qu'en 1939, j'avais onze ans, je lui avais demandé la raison de cette présence. Si les explications données par mon aïeul sont un peu confuses dans mon esprit, le fait que Pasteur ait trouvé le vaccin contre la rage est très précis, accompagné de cette phrase qui résume mieux que n'importe quelle considération le poids de cette exceptionnelle invention :

– Avant lui, les gens qui avaient la rage souffraient tellement qu'on les étouffait entre deux matelas…

UNE LEÇON DE JUSTICE PAR RABELAIS

C'est sans doute une des plus belles histoires de justice populaire, au sens logique du terme. Elle nous a été léguée par Rabelais qui s'adresse aux « buveurs de la prime cuvée », ce qui correspondrait aujourd'hui au beaujolais nouveau.

Elle se déroule dans la cour intérieure du Petit Châtelet, forteresse chargée de défendre l'accès Sud de l'île de la Cité au Moyen-Âge. Elle barrait le Petit Pont à l'extrémité du parvis de Notre-Dame d'aujourd'hui.

Là se trouvaient des commerces, dont un rôtisseur qui embaumait les passants aux heures des repas, dans un lieu pourtant réputé « punais », c'est-à-dire particulièrement malodorant.

Ce midi-là, un portefaix (bagagiste-porteur), s'étant installé au coin de la boutique, dévorait à belles dents un gros morceau de pain sec, salivant mieux sans doute aux fumets des rôtis tournant sur leurs broches à contrepoids, à deux pas de lui.

Du coin de l'œil, le rôtisseur l'avait vu faire et, lorsqu'il eut englouti sa dernière bouchée, l'interpella :

– Holà l'ami ! Crois-tu t'en tirer à si bon compte ? Ne viens-tu pas de me voler mon fumet ?

– Moi, te voler ?, répondit l'interpellé. Et comment le pourrais-je en me contentant de stationner près de ton échoppe plutôt qu'ailleurs ?

– Mais le fumet vient bien de mes poulets rôtis, de mon bois qui me coûte, le nierais-tu ?

– Voudrais-tu prétendre vendre aussi de la fumée ?

– Les fumets sont miens, pendard… et si…

La chose se serait envenimée si les badauds d'origine parisienne ne s'étaient attroupés aussitôt, rigolards devant un litige aussi original.

Fendant la foule, un personnage haut en couleurs, connu sous l'appellation Sire Joan le Fol, s'approcha au moment où le portefaix, saisi au collet par le rôtisseur, allait brandir le gourdin qui lui servait de canne.

– Tout beau, Messires, j'arrive à point nommé pour ouïr le différend qui vous oppose d'apparence…

Mis au courant de l'affaire, Joan le Fol se gratta longuement l'occiput, preuve d'une perplexité des plus profondes.

– Vous voulez que je vous baille mon sentiment ?

Comment refuser l'avis de ce fou dont la réputation de sage le faisait respecter par tout le quartier où ses facéties étaient moult appréciées du petit peuple ?

– Veux-tu confier notre différend à ce noble sire ?, demanda le rôtisseur.

– Par le sang du Christ, je l'accepte, répondit l'autre.

Alors, Sire Joan demanda au portefaix un « denier tournoi », pièce qui correspondait au prix d'un demi-poulet rôti.

– Est-ce à ce prix que tu estimes ton dommage ?

Devant l'accord du commerçant et ayant reçu ladite pièce, Joan le Fol la plaça sur son épaule, abaissant l'autre puis la relevant à plusieurs reprises comme s'il s'agissait du peson d'un orfèvre. Puis, il la plaça sur un œil comme pour la mirer longuement en grimaçant, provoquant les rires de l'assistance, à la suite de quoi, ayant essuyé un coin de la table de marbre sur laquelle le rôtisseur fractionnait ses poulets, il la fit sonner et résonner à plusieurs reprises. Alors, tendant la pièce en direction du plaignant, puis pivotant vers le portefaix, il dit :

– La Cour signifie que le portefaix qui a mangé son pain au fumet du rôtisseur a payé civilement celui-ci, au son de son argent. De ce fait, la Cour ordonne que chacun se retire dans sa chacunière sans dépens et sans rancune. Maintenant, ajouta le Fol en se tournant vers le rôtisseur, s'il te reste quelque croupion en souffrance, je veux bien en être l'heureux bénéficiaire pour frais de justice…

Le jugement des fous ne fut jamais si bien exprimé. Il est vrai que l'auteur n'était autre que Rabelais, docteur en médecine, dans son *Tiers Livre* paru en 1540, lequel racontait les *faicts et dicts héroïques du noble Pantagruel*, livre jugé obscène et censuré par la Sorbonne…

Les « amoureux qui s'bécottent sur les bancs publics » de Brassens ont bien été interdits d'antenne, à leur sortie en 1966, sur Radio Luxembourg ! Alors !

LES RUDES AILES DE « LA MARSEILLAISE »

Tout le monde l'a dans l'œil. Quand on regarde l'Arc de Triomphe de l'Étoile, on ne voit que ça : *La Marseillaise* de Rude.

Sculpture emblématique d'une « mobilisation générale » encore présente dans la mémoire de beaucoup de Français : 1914 ?, 1939 ! De moins en moins… Alphonse Allais disait : « Plus ça ira, moins il y aura de gens qui auront serré la main de Napoléon III. » On peut dire ça aujourd'hui avec le général de Gaulle.

La Marseillaise ! Sculpture magnifique par le superbe mouvement, non pas de la Victoire, mais du Génie de la Liberté qui entonne *La Marseillaise* à l'occasion du Départ des Volontaires de tous âges en 1792 (bataille de Valmy).

Le sculpteur, François Rude, fils d'un forgeron de Dijon, commence à sculpter l'ensemble en 1832, sous Louis-Philippe, et mettra quatre ans pour le réaliser.

Afin de donner des ailes au Génie de la Liberté (drôle de masculin pour une femme !), il a besoin d'un modèle grandiose, éloquent, et les ailes, même celles d'un aigle, agrandies en proportion de la Femme Génie, ne lui conviennent pas vraiment. C'est alors qu'on lui parle du condor, charognard des Andes dont l'envergure est la plus grande de tous les volatiles de la planète (excepté l'albatros, + 10 cm, mais plus étroites).

– Donnez-moi des ailes de condor des Andes !

Le temps de correspondre, de trouver, d'exécuter, d'expédier, une bonne année se passe et enfin elles arrivent, ces nobles ailes… 3,20 mètres d'envergure avec des rémiges magnifiques et des tectrices superbes.

Le problème… c'est l'odeur ! La chair qui entoure les os est en pleine décomposition… Obligée de travailler avec des masques parfumés sur le visage, l'équipe des sculpteurs va devoir accélérer le travail au point de créer des équipes de nuit, afin de se débarrasser, au plus vite, de ce modèle aussi noble qu'empuanti.

Pour l'équipe de création, cette Liberté hurlante, dont les ailes tutélaires veillent sur les volontaires allant « abreuver leurs sillons d'un sang impur », aura mis l'odorat des sculpteurs à Rude épreuve.

Achevé d'imprimer sur rotative
par l'Imprimerie Darantiere
à Dijon-Quetigny en
février 2012

Dépôt légal : mars 2012
N° d'impression : 12-0164

Imprimé en France